我在美国教书

……

方帆 著

中国人民大学出版社
·北京·

图书在版编目（CIP）数据

我在美国教书／方帆著. —北京：中国人民大学出版社，2018.1

ISBN 978－7－300－25445－6

Ⅰ. ①我… Ⅱ. ①方… Ⅲ. ①基础教育—对比研究—中国、美国 Ⅳ. ①G639.2 ②G639.712

中国版本图书馆CIP数据核字（2018）第011366号

我在美国教书

方 帆 著

Wo Zai Meiguo Jiaoshu

出版发行	中国人民大学出版社		
社 址	北京中关村大街31号	邮政编码	100080
电 话	010－62511242（总编室）		010－62511770（质管部）
	010－82501766（邮购部）		010－62514148（门市部）
	010－62515195（发行公司）		010－62515275（盗版举报）
网 址	http://www.crup.com.cn		
	http://www.ttrnet.com（人大教研网）		
经 销	新华书店		
印 刷	北京东君印刷有限公司		
开 本	168 mm × 239 mm 16开本	版 次	2018年1月第1版
印 张	12.25 插页1	印 次	2018年1月第1次印刷
字 数	170 000	定 价	39.80元

再版序

PREFACE

很多教师朋友经常问我一个问题：美国的教育方式看上去那么美好，用这种教育方式教育出来的美国人引领着世界潮流，为什么中国和日本把这种教育方式引进后，都引起了巨大争议，甚至被证明完全失败？

假如要我用一句话来回答，我会说："因为那些引进美式教育哲学和教育方式的人，没有一个在美国的公立中小学当过教师。"

中国和日本引进美式教育的动机，或者想解决的问题都是一样的：

第一，希望解决中小学生负担过重的问题。

第二，希望解决中小学生只会应试答题、缺乏创造力的问题。

从表面上看，这两个问题美式教育都解决得非常好。

美国公立中小学的学生往往上午九点才上学，下午两三点就放学；所有学生按地区入学，没有中考，甚至连全国统一的高考也没有；一年中有半年的时间是假期，玩的时间比读书的时间多得多，几乎没有负担。

美国人发明了苹果手机、安卓系统、微软视窗等，创造出了很多改变人类生活的产品。美国每年获诺贝尔奖的人数也居各国前列，可以说，美国人的创造力执全球牛耳。这不都是美式教育的结果吗？

于是，希望学习美式教育的人就会想：管你那么多，我直接把美式教育复制到我们这里来！你按照学区招生，我也按照学区招生；你用走班制，我也用走班制；你搞“建构式教学”，让学生“自主、合作、探讨”，我也“以学生为中心”；你没有高考，我也取消联考；你三点放学，我两点半放学……可是，结果为什么不尽如人意？

有没有人想过，“既想马儿跑得快，又要马儿不吃草”，到底有没有可能实现？不好好读书，可是却能拿诺贝尔奖、发明苹果手机，这完全是违反常识的呀！

直接山寨美式教育的结果，要么就是像日本那样完全失败，要么就是像国内那样，“素质教育轰轰烈烈，应试教育扎扎实实”，上有政策下有对策。毕竟，谁也不敢完全不管升学率，让学生随便玩。

那么，美国中小学教育的本质到底是什么？

第一，美国的中小学教育奉行精英教育哲学。对大部分公立学校的学生来说，“能平衡收入与支出，会投票”，就达到了最基本的要求，不一定非要学会解析几何和微积分。但是，整个社会有一个系统，可以满足精英阶层的孩子成长的所有需要。

美国有要求严格的私立寄宿学校，专门培养有能力的有钱人的接班人；有要通过严格考试才能进入的公立重点学校，让穷人中的精英可以出头；有荣誉班（honors class）、大学先修班

（advanced placement class）这样的重点班，让只在某些科目有特长、其他科目成绩一般的学生受到特别的照顾。同时，还有社区大学可以让学有余力，但是所在学校无法开设某些大学程度课程的学生直接修读大学课程。各级政府有专门的部门负责安排中学生参与政府机构的运作，各级研究机构、大学和一些大公司，也有专门的部门负责接收中小学生参与研究或实习……真是不怕做不到，就怕想不到。

第二，美国中小学教育的终极目标，不是落实课本要求学生掌握的知识和技能，而是培养发烧友。

我们经常看到，在美国的课堂上，学生一直在兴高采烈地玩。其实，在一个班三十个学生中，很可能只有一个学生能在这个“玩”的过程中有所感悟，然后狂热地爱上这一门课。这就足够了，因为这个学生可以通过许多种方式继续深造，挑战自己。最后能够进入美国顶尖大学的，基本上都是疯狂地热爱自己所学专业的人：他们愿意钻研功课到凌晨三点；他们愿意为了进自己心仪的大学、学心仪的专业，在“社交、睡觉、作业三样只能选择两样”时放弃社交；他们也会主动选择很难的课程挑战自己。

精英教育和培养发烧友才是美国教育的本质。我们看到的所有美国教育的表面现象，包括被称为“素质教育”的做法，其实都是为这两个终极目的服务的。假如我们的教育目的跟美国不一样，却把美国教育表面的东西引进来，其结果就很可能是失败的。

中国的教育行政主管们，一定是眼明心亮的。

本书是 2005 年出版的《我在美国教中学》的修订版，删去了一些过时的文章，增加了不少最近刚刚完成的文章。这几年，美国的公立教育也发生了一些变化，某些做法和规章制度也有了一些改变，我在本书中已对相关内容进行了修改。希望本书可以给读者带来一些启发。

[注：本书中所有未成年人的姓名都是化名。其他在本书中出现的人物的名字，除其本人要求外，都是化名。另外，经当事人要求，部分事件的细节做了轻微改动。]

目 录

CONTENT

| 第三辑 | 遭遇美国式教育

| 第四辑 | 中美教育的对话

| 第一辑 |

遭遇美国学生

我在美国教高中

那年，我知道学校要开暑期班，便报名当暑期班老师。

我不是第一次教暑期班，因此，我知道来上暑期班的学生基本上是考试不及格，暑期来补课、补学分的，当然就没有什么好学生了。不过，唯一可以安慰自己的，是暑期班的学生基本上都是自愿来上课的，不像平时，不想读书的孩子也得被迫上学。

一

暑期班在开始上课前，照例有两天时间让学生注册。收到暑期班录取通知的学生，一早就得在学校餐厅门口排队，校长每次放进去 10 个人，学生要读什么科目，就到教那个科目的老师的摊位前面签名登记。每个班有 35 个学位，学位都被登记完以后，任课老师会把“名额已满”的牌子挂出来，学生就只能选其他科目了。

我一边为学生登记，一边观察他们：平时，林肯高中的学生是亚洲人，特别是华裔占多数，但是，暑期班却是黑人学生和拉丁裔学生占多数，因为他们平时不读书，很多人考试不及格。另外，还有不少越南裔的学生。

暑期班的上课时间跟平时不同，每天只上两节课。早上八点到十点半上第一节，然后学生休息十分钟，到另外一间教室上第二节课，下午一点十分放学，每节课长达两个半小时。平时每节课才 52 分钟，因此，教师是不可能用平时上课的方式来上这暑期班的长课的，相信这也是很多教师不愿意教暑期班的原因之一。另外，上面还规定，教师不可以使用跟平时一样的课本教暑期班，只能用其他材料来教这门课。这个规定相当于强迫暑期班老师编一套目标和要求跟平时的课程一致，但内容却不同于平时课本的教材。我认为，这才是老师们不愿意教暑期班最根本的原因。我接受过小学教学法的训练，而且，编有趣的教材是我的爱好，因此，教暑期班的长课对我而言不是问题。

我教的是高中生物。不能用校区统一的课本可难不倒我，因为我手上有三四本其他出版社出版的教学目标相同的课本，我选了一本刚好能在暑期班学完的，信心满满地就上班了。

我刚走出电梯，就发现我的教室门口挤满了人。糟糕，学生第一天上课就打架？

我赶快走过去，发现原来不是学生打架，而是教室里坐满了人，很多学生只好站着，没有地方坐和站的学生只好站到教室外面。等等！我只注册了35个人啊，怎么现在有五十多个人出现在我的班里？谁开的玩笑？！

这时，校长满头大汗地从教室的人堆里挤了出来，苦笑着对我说：“方先生，不好意思，我们有很多学生考试不及格，但今年我们暑期学校只有你一位老师教科学，所以只好都安排给你了，总不能把要学化学的学生安排到英语课或者历史课上吧？”

我差点儿怀疑自己听错了。“老大，有没有搞错？我只教生物，你把这些无法无天的家伙全塞给我，让我教什么？他们的成绩单上是写生物、化学、物理，还是海洋科学？”

“辛苦了，克服克服困难吧，算我求你了。这些学生都是上个学年考试不及格的，很多人明年就要毕业了，等着要这个学分哪！你不教他们，难道眼看着他们不及格吗？这样吧，你有什么要求，我全力满足！”

我几乎被他气乐了，心想：这就是美国？这就是美国教育？

“校长，我没有要求，我一定能教好这个班的！”

校长跟我握了五分钟的手。

二

受过所谓“世界上最先进的教学法”（给我上教师执照课程的教授说的）训练的我，岂能被这个新状况难倒？55个学生对美国老师来说是多了点儿，但是我想起当年自己在中国读高中的时候，一个班好像有60个人，老师还不是一样教？不可以让美国人看低咱们中国人！

我决定不用之前选好的那本生物课本了，改用“挑战式学习”教学法。我曾多次尝试这个教学法，效果相当不错，用在这个杂牌班里应该也可以。

“挑战式学习”教学法的主要原理是，教师为学生提供一个挑战，学生需要通过小组合作、研究性学习以及老师的点拨，迎接这个挑战。学生在解决问题的过程中，学会了从前没有掌握的东西。“挑战式学习”跟平时上课不同的地方就是，学生成了知识的主人，学什么、不学什么，都是根据挑战的需要而定。老师也不再是站在讲台上面讲课的专家，而是跟学生们一起探索、一起解决问题的主持人。

我飞快地跑回办公室，开动复印机，印了55份挑战说明和工作纸。等我跑回教室时发现教室里只剩下四十几个学生了。那些挤在门口的人呢？

“他们可能因为人太多，走了吧？”一个我认识的学生告诉我。

我瞄了一眼教室，教室里的学生有的在化妆，有的在吃早餐，有的聚在一起打扑克，有的在说笑，有的在互相打来打去，有的在玩电子游戏机，还有三个黑人女孩儿在教室后面扭着身体跳舞……只有一个胖胖的学生乖乖地坐在那里一动不动，因为他睡着了。

我把 Mr. Fang（方先生）的字样写在黑板上，一拍桌子，“上课！”

化妆的继续化妆，跳舞的继续跳舞，说笑的开始互相打来打去，互相打来打去的开始说笑，玩电子游戏的继续玩，打扑克的停了一下又开始了。有个梳着中分头看起来像越南裔的男生眯着眼笑着对我说：“方先生，你会说英语吗？”

美国学生十分排外，他们可以容忍带有浓重欧洲口音的老师上课，却无法容忍带有一点儿亚洲口音的老师上课。假如你一开口说的英语不地道，这节课基本上就没办法上下去了。

我坐到讲台上，微笑着看他：“XX（脏话），我不会说英语在这里干吗呀？”

坐在教室最前面的一个高大的黑人学生正恶狠狠地咬一个夹肉松饼，听见了我说的话，慢慢地把饼放下，咧开大嘴：“行啊哥们，连咱黑鬼的话也能说？”（在美国，黑人经常自称“黑鬼”，但是其他种族胆敢说这个词，那可是吃不了兜着走，轻则说你种族歧视，重则把你告上法庭。）

在后面跳舞的一个女生停了下来，尖叫了一声：“安静！听老师说话！”

那声音实在太尖，全班都听到了，所有活动都停止了。

我向她点了点头：“谢谢！啦啦队的吗？”我发现她最后扭的那几个动作是我们学校啦啦队最近练习的那套操里面的。

三个女孩儿同时点头，然后兴奋起来，同时伸出手：“给我一个——L！给我一个——I……”

“停……”我终于稍微提高嗓音喊了一下，“有机会让你们表演的，现在大家都坐下来好不好？”

全班学生开始乱笑，“我们不是都坐着吗？哈哈哈……”“方先生，我没有地方坐，坐在这个美女的大腿上可以吗？”“去你的，想占我便宜！”教室里又乱了起来，刚才互相打来打去的重新开始打闹，化妆的又开始化妆，扑克也又被拿了出来。

我走到那三个已经坐下的啦啦队员身边，小声对刚才那个尖叫了一嗓子的女生说：“麻烦你再用啦啦队员的嗓子给我尖叫一次，我想让大家先停下来，听我说。”

那个女生“砰”的一下就跳上了桌子：“闭嘴！老师要说话！”

尖叫声震得我的耳朵嗡嗡地响，真不愧是啦啦队的，能喊。

趁大家一愣，停止了所有动作，还来不及再说什么话的间隙，我站在教室中间，大声说：“诸位，我们现在要上课了。不想要学分的，我也不强迫，这个班人数太多了；想要学分的，注意一下你们的言行。否则你们留在这里玩，我走人。我讲完了。”

所有学生都目瞪口呆。那个凶巴巴的黑人学生把最后一块松饼塞进嘴里，把纸袋塞到书包里。看见我没有继续说话，就咧咧嘴，对我说：“嘿，老师，说话啊，我们都在等你上课呢。”全班学生都点头。

“好吧，既然没有人不想要学分，我们应该可以上课了。不过……”

那个越南裔学生丢过来一句：“你要宣布一下课堂纪律了，是不是？真没劲，老师都这样，没劲透了。”

“我不宣布课堂纪律。暑假本来就应该好好玩的。今天的天气多好，是去海滩游玩的好时机。”

刚一说完我就发现自己犯了一个错误，因为我给学生们提供了一个松弛的机会，很多人开始谈论海滩，教室里又吵成一片。我给刚才尖叫了一嗓子的女生做了一个手势，她又跳上桌子，很多人马上就闭上嘴，捂住耳朵。教室里瞬间安静了下来。

“我希望我们在一起学习的这六个星期大家都能开心愉快。假如你不想拿学分，没有必要在这里受苦；假如你想留在这里，就得遵守游戏规则。这个规则不是我定，而是我们一起来定，怎么样？”

“我们怎样才能得到A？”一个学生问。

“开学的第一天，你们都是A。你们要负责保住这个A，不能弄丢了。假如你上课时什么都不做，一直和其他人说话，你的A很快就会被扣分，变成C、D甚至F。”

“我没有听错吧？我们什么都没有做就拿了一个A？”

“我每天给你们一个A，你们负责给我保管好，行不行？”我大声问道。

黑人学生小声地说：“哇，A啊，我长这么大还没有人给我A呢！老师，等一下放学，你能不能给我妈写张纸条，说我今天拿了一个A？”

“当然可以。”

“那我们需要做什么？”另外一个学生问。

“我们先规定一个手势好不好？我可不想让刚才那位女生再跳上桌子了。这个班人数这么多，有一半人说话我就没法讲话了。我一举手，大家就帮忙闭上嘴，行不行？”

“行。”大部分人都答应了。

“你们还想制定什么游戏规则？”

黑人学生站了起来：“我要拿学分毕业。我高中四年没有好好上过一天学，现在我爸被抓进牢里了，我不想学他。谁不让我拿学分，我跟谁急！”

班上几个黑人学生都拼命点头。

一个戴着耳环、矮胖的拉丁裔男生在座位上说:“帮派的颜色不许出现在教室里。”

我点点头:“谁把红色和蓝色带到教室里，我跟谁急。”

听了我的话，所有拉丁裔学生都拼命点头。

“方先生，红色跟蓝色的事情你也知道啊?”戴耳环的拉丁裔学生一脸佩服。我在拉丁裔聚居区教了四年书，怎么会不知道黑社会标志?

“没有了吗?我加一条:互相尊重。你不把别人当人看，别人也不会把你当人看。”我说。

大家沉默了。

“谁可以帮我点名?”在加利福尼亚州(以下简称“加州”)教书，最让教师头疼的就是学生的名字，因为很多是西班牙语、俄语或者阿拉伯语翻译过来的名字，按照英语的读音规则根本读不出来，或者读错。老师一旦读错学生的名字就会引来全班学生的嘲笑。

一个很漂亮的拉丁裔女孩儿把我的名单接了过去，先用铅笔给自己签了到，她叫莎利·胡里压塔。会说西班牙语的学生就是不一样，许多很难的名字她都能轻松地叫出来。原来，这个班的大部分学生不是来自我们林肯高中，而是来自城东那些成绩很差的高中，难怪没有一个我认识的。莎利读到中国学生的名字时就犯难了，“张期迅”她根本读不出来，因为英文里面的“Q”和“X”和汉语拼音不同，是不能发音的。不过，我们两个人合作，很顺利地就把全班学生的名字点完了。暑期学校的点名跟平时不同。平时用点名纸点名，教师将没有到的学生或者迟到的学生记下来。但是，暑期学校的点名却是要记录每个学生在上课开始后的第一个 15 分钟在不在，第二个 15 分钟在不在，最后的半小时在不在，教师每天都要在电脑中处理汇总，然后送达州教育部，州政府根据这个详细的出勤报告拨款给每所学校。因此，每次点名都得花差不多半个小时。学生们哪里坐得住？纷纷开始玩扑克，打电子游戏。不过，这次我一举手，大家都闭嘴了，看来效果不错。

“大家配合一下。像扑克、电子游戏机、CD 机等最好不要在课堂上出现，否则被校长发现没收了，你不好过，我也不舒服，是不是？”

之后，我开始统计每个学生分别需要什么学分。统计完，学生们马上就问我：“你这节是什么课？你准备用多长时间教生物，多长时间教化学？”

“我们先分组，要生物学分的举一下手。好，你们都坐到一起。要化学学分的举一下手。好，你们坐在一起……”

很快，四十个人分成了三个生物组，一个生物技术组，两个化学组，一个物理组，一个海洋科学组。有两个学生本来是要上生理课的，我让他们加入了生物技术组。

教美国学生比教中国移民学生容易的地方，是美国学生从小就习惯了美国式的课堂环境和教学程序，100 位美国老师上课，教学程序都是一样的，因为美国老师在师范学校读书的时候教授就是这样教的。但是在中国，可能 100 位老师上课，会有 100 种不同的教学程序。美国人把所有东西都规范化，包括如何教书都有固定的程式，他们认为这样更方便传授和学习。因此，当美国人遇上中国厨师教他们“放一点儿盐”“放一点儿糖”的时候是最头疼的，因为他们无法精确称出这个“一点儿”究竟是多少。我按照美国学生熟悉的程序来做，问题也就少一些。但是，中国移民学生却未必适应这种教学程序，在上课的时候难免会觉得无所适从。

学生分组后，我让他们在小组内分别选出一个组长、一个口头报告员、一个书面记录员、一个时间监测员和一个材料员，每三天轮换一次。学生们马上进入角色，开始用各种办法选举职位了，这是他们非常熟悉的课堂活动程序。

三

“挑战式学习”的内容是这样的：一队科学家准备到澳大利亚的塔斯马尼亚岛，研究当地的生态和动植物资源。当他们到达塔斯马尼亚附近的一个无人岛时，因为飞机发生故障，他们迫降到了一个无人区，所有对外联络都中断了。而且，其中一位科学家被一个爬行动物咬了一口，出现了中毒的迹象；另外一位科学家则被一只全身是刺的动物刺了一下，不知道有没有中毒。幸好，飞机上有一个设施比较完善的实验室，电脑里有百科全书和相关的工具书，还有一些简易的工具和医疗箱。学生的任务是：分为不同的小组，一个小组负责了解他们迫降的地方的生态环境，制定出整队人的生活方案，包括饮食、饮水、安全保障等；一个小组负责研究两个受伤的同伴是被什么动物所伤，如果可以的话，配出解药；一个小组负责进行生态和资源研究，看看在这个地方能找到什么特别的动植物，这些生物跟澳大利亚大陆上的生物有什么不同；最后一个小组要利用当地的资源和飞机上有限的工具，制作一艘船，将全队人带离这个无人岛。

我曾经专门收集过组织这个挑战式学习的课程资料，因此，所有资源我都有，包括电脑里的百科全书、地图，以及塔斯马尼亚地区的动物和植物卡片等。

学习的步骤是这样的：学生先在小组里讨论，明确任务，然后把任务分成几个小任务，写出完成每个小任务所需的资料、知识和技能，最后讨论当具备了这些资料、知识和技能后能否完成任务。如果不能，就继续分析任务，重复上面的步骤，直到他们具备了足够的资料、知识和技能，可以完成任务为止。挑战式学习开始后的第一天，每个小组向全班同学和老师报告他们初步讨论的结果。从第二天开始，老师每天只向全班讲大概15分钟的背景资料，给大家看看那个地方的录像，让大家有个具体的了解。然后，就是小组合作。老师会给每个小组一定的咨询时间，帮助他们分析问题，建议研究方向，或者干脆教他们一两样之前没有学过的东西。

从一开始，这个挑战式学习就是对我的挑战，因为我发现虽然大部分学生都听说过澳大利亚这个地方，但是，全班没有一个人能在地图上指出澳大利亚在哪里，更加不知道七月份澳大利亚的天气是冷还是热。我要先教全班看地图。天哪，他们是高中生吗？

更让我吃惊的还在后面：全班没有一个人懂科学记数法，一半人没有学习过分数。

“你们初中数学老师教了你们什么？”我忍不住问。

“我们初中老师跟你一样，也曾经让我们进行挑战式学习。”几个学生一边嚼着口香糖一边说。我的课堂很自由，除了扑克、电子游戏机、CD机不可以出现以外，学生可以吃，可以喝，但不可以乱扔垃圾。

“挑战式学习学了什么？进行了多久？”

“整个八年级一直在进行挑战式学习。我们研究了有史以来最有名的数学家，给他们画像，画像贴满了教室。”

根据加州的数学教学大纲，八年级的数学课应该是学初等代数，相当于中国初一、初二的数学内容。这些学生却花了一年时间“挑战”画画。

我又问了一下那几个不懂分数的学生，他们为什么到了十一年级还没有学过分数。

“我们的数学老师说分数不用学，现在科技发达，我们会用计数器就行了。”

“我在上高中以后就没有一位数学老师能教我们超过两个星期的，嘻嘻……”

“我每星期只上两天课，其余六天都在街上闲逛……”（一个星期有八天？！）

两天下来，我发现这些学生并不是没有受过教育，他们都是从小就在美国公立学校接受教育的；他们的老师也不是没有教书，学生们都记得每个年级玩了些什么，有哪些创新，发明了什么，做了哪些大项目。不过，究竟学到了多少基本的英语和数学知识，没有人说得上来。有一个小组的口头报告员是一个墨西哥裔的男生，他流利地把他们组记录的东西读了一遍，我也听懂了，可是，当报告交到我手上的时候，没有几个字是我能看懂的。

“喂，我不会看西班牙文！”

“冤枉哪老师，我们写的是英文！”

那几个物理不及格的学生完全不了解物理概念。那几个要上化学课的学生只是想要化学课的学分，好顺利地从高中毕业。要上生物课的学生比这些学生好一点儿，他们几乎全是在同一位老师的手下不及格的：那位老师没有让他们进行“挑战式学习”，而是每人发一本课本，上课时讲新知识、做练习，回家后做功课、复习，第二天回来就测验，然后接着讲新内容。没有一个学生想坐下来学习，大家都听不进去……

根据我学的理论，不能用传统的教学模式教这些学生，教师需要帮助他们发挥其他方面的长处。比如，他们不喜欢看书找资料，就让他们看电视、看图画找资料；他们不喜欢使用数学公式，就让他们用积木把对一个数学问题的理解摆出来；有学生不喜欢写字，就给他一个录音机录音，或者让他做口头报告。

不过，我马上就发现，我的这个“挑战式学习”，他们进行一年也完成不了，因为这个班的学生根本就没有达到高中程度。小组讨论的结果是，任务变得越来越简单，有个小组干脆写：“我们组的张期迅说他会气功，我们没有必要造船，用气功带领大家飞过海峡就可以了。”

生物技术组没有任何成果，因为他们对着实验仪器和药品动都不敢动。他们在高中上过一年生物课和化学课，但是，他们从来没有做过一次用到试管和药品的实验。

“为什么？”我问。

“我们老师自己都不会，他是拿临时执照的，不太会教书。”

“有一次，我们有几个同伴压着一个同学，往他的鼻子里塞煤气管，看看他过多久会中毒，从此我们老师就不做要用到药品的实验了。”

“我们常常在教室里面打架，试管都被打破了。”

生物组的进展似乎快一点儿，组内所有成员都听说过袋鼠和树袋熊，他们一窝蜂地去抢画着袋鼠和树袋熊的资料卡片，然后把卡片上的内容抄在他们的研究记录本上。

“等等，你抄什么？”我问。

“老师，袋鼠哇！白痴都知道澳大利亚有袋鼠。”

“虽然样子很相近，可这是岩袋鼠，不是袋鼠。而且，它不生长在你们迫降的那个岛上面。”

“树袋熊是袋熊的近亲，但它们一个生活在树上，一个生活在地下……”我一边放录像，一边跟生物组的人解说。不过我发现有一半学生没有听，看得出来，他们还没有养成在课堂上认真听讲的习惯。

“树袋熊真可爱。”莎利对通尼说。通尼就是那个越南裔男生。

“做我的女朋友好不好？”通尼很诚恳地对莎利说。

“假如你送我一只树袋熊当圣诞礼物，我就答应做你的女朋友。”

两个人一直在嘀嘀咕咕，完全没有认真听我讲。

“通尼，树袋熊吃什么？”我喝了一声。

“嗯……这个……”

“尤加利叶（桉树叶）！”珍妮丝快嘴提醒了他。

“尤……这个，加利塔斯……”通尼自己都不知道自己在说什么。

那年的 12 月 24 日，旧金山动物园树袋熊住的房子被人从房顶上挖了一个洞，有人从那里爬进去抱走了树袋熊母女。电视台播放了这则新闻，动物园的发言人要求偷树袋熊的人将其归还：“请将可爱的树袋熊还给我们。它们不喝水，不吃其他东西，只吃它们生活的那棵桉树的树叶。你是无法把它们当宠物养的……”树袋熊的饲养员眼泪汪汪地对着镜头说道。

24 小时以后，旧金山警方逮捕了两名少年，树袋熊完好无损地回到了动物园。

背对着电视镜头，其中一个犯罪嫌疑人说：“我只不过想把这只树袋熊送给她当圣诞礼物，好让她答应做我的女朋友。我真后悔，没有听清楚老师讲它吃什么，唉……老师还提问过我呢，我怎么就没有留心？我给它们喂牛奶、糖水、猫粮、狗粮、汉堡，它们说什么都不吃，连水都不喝。”

四

在兴奋了几天之后，学生们开始不耐烦了。因为他们也发现，要完成这个挑战其实是不可能的。他们大部分人没有上课听讲动脑筋的习惯，即使是坐在那里从事很有趣的活动，不到五分钟就会感到无聊。另外，他们很多人从小就没有接受过完善的教育，而且很多人生活在黑人贫民区、单亲家庭，只在学校里见过书，对于翻书找资料这样的事情，完全是闻所未闻。这些 15 ~ 17 岁的高中生，其实在智力和行为上跟 3 岁的小孩儿相差不太远。想想看，你能让 3 岁的小孩儿做那样高深的“研究式学习”吗？

在这些学生中，智力最接近高中生的是那个一直睡眠不足的胖学生渡边亨利，他是日裔，据说因为运气不好，上个学期在一个很严厉的老师手下拿到了不及格，只好读暑期班。一般来说，在旧金山，成绩最好的学生都是日裔和韩裔，第三才轮到华裔，在暑期学校里面不应该遇到日裔学生。但他因为有点儿轻微的弱智，又没有资格到特殊教育班，所以只好来到这里。他的接受能力和学习能力都比班上其他人强一点儿。另外，那三个啦啦队女生毕竟是来自林肯中学，老师要求严格，而且平均成绩不达到一定标准就无法参加啦啦队的活动，所以，她们的水平还算可以。不过，她们几个非常非常懒，教她们十样东西，她们能学到三样就已经很不错了。

至于班上的其他学生，基本上是在混日子。每星期照例有两三个学生要上法庭报到，因为他们曾经犯过罪，要定期上法庭报告他们没有再犯事。他们去法庭要一天时间，回来后就有很多东西不会，他们所在的小组又得乱一阵。

班上的学生根本没有分类的概念，于是我把他们带到学校附近的公园，采集了一大堆各种植物的叶子，回来玩分类游戏。不过，我们是被警察“押”着回来的。公园附近的居民从来没有见过那么多黑人和拉丁裔学生呼啸着在公园里乱嚷乱跳，赶紧报了警。公园附近有个派出所，里面的警察我都认识。警察开车过来，看见是我带着学生，松了口气：“有人报警说这里有黑社会聚众斗殴。”我一听就知道一定是华人报的警。我们这个社区华人比较多，大约 70% 的居民是华人，他们看见黑人就头疼。

我笑着对警察说：“黑是黑了，不过不是黑社会。我们在上生物课，他们可没有破坏公共财物。”

“为了防止意外，我们还是护送你们回去吧。”我们采集完标本要回学校的时候，警察建议。

回到教室我才想起这节课校长要来听我的课并给我评估，他已经在教室里坐了半天了。我们回到教室时，他正饶有兴趣地看学生贴在墙上面的任务分析和用图来表示的分数加法的解题步骤。

学生们在走廊上都不敢说话，一进教室就大声地说笑起来。我看见校长才想起他要来听课，连忙过去跟他道歉说我把这件事给忘了，光顾着带学生采集标本了。校长说不要紧，听这节课也可以，只要我不反对。我欣然同意。

我教学生们根据叶子的形状、边缘和叶脉的分布这三个分类依据来分类。大概一半的学生只能用两个分类依据，用第三个时就开始犯糊涂了。我设计了一张工作纸，学生可以把自己采集的叶子画在工作纸上，还可以做一个二叉式分类检索表。化学组的学生小心地用酒精煮叶子，看看会出现什么情况。物理组的学生发现可以把船造成叶子的模样，他们积极尝试各种办法，看看哪种形状的船最容易在水里面航行。他们还把叶子都扔到一个塑料澡盆（一个学生带回来的）里，放了许多水，做模拟实验（其实是玩水）。这么多天以来，这是唯一一节看起来有学术性的课。

校长也兴致勃勃地想做一个二叉式分类检索表，没做一会儿，他自己也糊涂了，只好放弃。教室里吵翻了天，不过所有学生都在做他们该做的事情，两个小时不知不觉就过去了。

临放学的时候，黑人学生对我说：“我妈不相信我在读书，以为我天天逃学。我在加里略高中就是天天逃学的，还打架。你看，我脸上的伤疤就是被刀砍的。老师，你能不能给我妈写张纸条，证明我每天都在读书？”

“我每个星期给你一张成绩报告单吧，林肯高中的学生都是这样的。记住，你现在可是林肯高中的学生。”我说。

“在别的地方读书，老师才不跟我说话呢，更没有成绩报告单，老师们上完课就落荒而逃。”

“这里可是林肯高中，好好干。”我鼓励他。

放学以后，校长把我叫到办公室，递给我一个“优”的评估小结。

“你确定不是组织你的学生演一场戏给我看？”

“欢迎校长随时过来看我们。教室里是吵了点儿，不过，大家都在学习。”

7 月 4 号是美国独立日，也是美国传统中外出野餐的节日。

“老师，我们全班去野餐好不好？”

“抱歉，老师家里有事，没有办法陪你们玩。这样吧，你们去野餐时顺便想个办法解决我们可怜的探险队员的吃饭问题。你们研究了这么久，都没有办法把他们救出去，现在食物已经快没有了，天气……”

“知道了！去野餐还要做功课，老师你说的是人话吗？”

事实上，那天我真的无法参加他们的野餐，我要参加另外一个野餐 —— 我以前教过的暑期班的学生早早就发出了邀请，我怎么可以不去呢？

五

放假回来后，三分之一的学生无精打采，很多人上课时趴在桌子上睡觉。我没有管他们，只要不妨碍上课，自愿不学习的学生老师最好不要管，否则吃不了兜着走。几个参加了野餐的学生在一起神神秘秘地商量着什么。在小组工作的时候，我注意到物理组的人和生物组的一个学生在一起弄几块泡沫板。

“这是什么？”我看见他们正在用解剖刀削泡沫板。

“暂时保密，呵呵。”

我看见有一个学生偷偷地把一张图纸藏了起来。

到了各组报告研究进度的时候，物理组的人捧着用泡沫板做的三角帆船模型走上讲台。

“资料上说，波利尼西亚人是用带有三角帆的木筏抵达复活节岛的。这是我们用泡沫板做的木筏模型。我们准备研究一下用哪种方法做的模型在海上航行的时候更顺利……”

他们讲得头头是道，全班同学都被镇住了。这几个家伙绝对没有能耐想出这个点子，他们更不可能知道什么波利尼西亚人的故事。

等他们接受了其他同学的掌声，高兴地回到座位上的时候，我走到他们跟前。

“说吧，谁帮你们做的？”

“我们自己。你没有看见吗？我们自己做的模型。”

“看着我的眼睛，再说一遍！”

原来，他们在野餐时碰到一个老人在玩遥控的三角帆模型船。他们很感兴趣，看了半天后就跟老人聊了起来。老人给他们讲了波利尼西亚人的故事，还帮他们画了图，教他们如何用泡沫板来做三角帆。

“老师，你又没有说不可以请专家帮忙。”

“好吧，既然你们有专家帮忙，那就得做好一点儿，否则……”

“太好了！”物理组的学生互相击掌庆贺。

“挑战式学习”的原则之一，是学生可以咨询专家得到答案。在现实生活中，很多问题都不是提出问题的人能独立解决的，懂得向他人求助寻求答案，也是一种能力。

六

这天早上，珍妮丝的男朋友不知道从哪里冒了出来，小组工作的时候，两个人躲在教室后面搂在一起亲吻。我走过去说：“对不起，我们现在在上课。”

“游戏规则里面可没有说不可以亲吻。”珍妮丝很不高兴。他的男朋友，一个穿得五颜六色的黑孩子，斜着眼看看我：“一边待着去，你管不着。”

“游戏规则里面说了要尊重他人。现在你们在进行房间里面只有两个人时才适合进行的亲密活动，明显是不尊重班里面的其他人，包括我。”

“我们不待在这里，行了吧？”珍妮丝拉着她的男朋友从教室后门跑了。

没过多久，警察把珍妮丝送了回来。“我在学校大门附近看见他们走出来，我就开警车跟了过去，估计他们是逃学，果然是。现在，你要不要我把她送到校长那里？”原来，她的男朋友已经被警察送到校长那里去了。

“谢谢，我来接手这件事好了。”我说。

我把珍妮丝带到走廊，把教室门掩上，不让教室里面的人看到我们。

“怎么啦，珍妮丝？”

“没什么。记过就记过吧，我无所谓。”（美国的学校没有类似中国学校的“记过”处罚，这里说的“记过”，其实是老师填一张学生违规表交给训导主任。训导主任根据这个表上面所写的学生犯错的情节，给予必要的惩戒。大部分“坏”学生根本不在意这个，但“好”学生就很害怕，因为如果在档案里面有一张这个东西，以后申请大学的时候，可能会造成致命的影响。）

“你有所谓。珍妮丝，你是学校里面最优秀的啦啦队员之一，你重视你的前途，否则你就不会因为生物课得了一个 D（刚刚及格的分数）还要重读。”

“别说了……”珍妮丝开始哭。

“我要说。我不想看见你亲手毁掉自己美好的前途。难道你真的想有一张记过表留在你的档案里面吗？”

“对不起，我再也不会那样做了。”

“初中生才会做那样的事。你可是一个美少女啦，长大啦，不可以再像小孩子那样了，是不是？”

“真的吗？”珍妮丝破涕为笑。

“拿出啦啦队的精神来！加油！”

“加油！”

跟学生谈话，要短、平、快。唠唠叨叨上政治课，谁吃你那一套？

七

教室的窗台上，不知道什么时候摆了很多鞋盒。生物组的人互相使着眼色。

“嗯，好。”我点着头，不置可否。

学生们终于忍不住：“你知道那是做什么用的吗？”

“你们想做微型展示盒嘛，需不需要彩纸和彩泥？”

美国的小学老师经常让学生做微型展示盒，通常是在语文课、社会课或者科学课上使用。微型展示盒的做法是这样的：学生用带颜色的纸装饰鞋盒的背景，然后自己做些手工，把对某一个概念的理解、某种生物的生活方式或者对某种自然现象的解释（如火山的形成），在鞋盒里面展示出来，有点儿像是博物馆橱窗中的展品。假如每个学生都做一个微型展示盒摆在教室里，教室就成了小博物馆了。不过，到了高中，老师们都不做这个东西，因为既浪费时间，对学生掌握高中复杂的概念也没有太大帮助。

学生们对我竟然知道这个东西感到有点儿奇怪。而且，我提到了彩泥，大概他们之前并没有想到可以用彩泥做微型展示盒。事实上，用彩泥可能效果更好。我在教初中的时候经常让学生们玩彩泥，到了高中，我又买了一大堆，但是系里面没有一个老师用。现在他们可能会用到，我就把彩泥全拿了出来。

彩泥有四五种颜色，可以很轻易地捏成各种样子。小学生们玩彩泥可能完全是凭自己的感觉来捏。但是，在高中，上过艺术课以后，最差的学生捏彩泥的本领也已经不是没有学过的人可以相比的了。很快，学生们就捏了很多可爱的有袋类动物。生物技术组的学生还建议把那个岛的地图做成一个三维的立体模型，这样更方便探险队员寻找出岛的路。他们发现竟然有自己喜欢的东西，顿时很起劲地钻研起来。

每个学生都找到了自己的目标，各自忙活起来。

挑战性学习的原则之二：有需要，就有动力；需要来自学生，学生的需要离不开老师的引导。

八

考试的时候到了。考试形式是这样的：教师在教室里摆上几张大桌子，桌上摆着考试的内容，有的是要用纸笔完成的，有的是需要动手做的实验，有的是要跟人合作的设计。学生在教室里面自由穿梭，完成自己能完成的内容，不懂的时候就在一起商量如何解决。据说，这种考试方式是模拟在现实生活中，依靠集体的力量来完成一项艰难的任务。

学生们走来走去，当然也有无心向学、不想考试，这里玩一下、那里碰一下的。不过，认真参加的学生都考得挺开心。校长经过教室时，被学生们叫了进去，因为化学组的人在做中和滴定，需要一个人帮忙摇烧杯。根据规则，老师是不可以帮忙的，所以他们只好抓校长的差。校长一边帮忙，一边问他们做的是什么。

“这是我们配的解药，若显示试剂褪色，就说明我们的解药有效。”化学组的人紧张地向校长解释这几个星期以来他们学到的一点儿化学反应知识。校长显然很满意，笑嘻嘻地拍拍学生的肩膀，“你们有希望毕业啦！”

考完试，学生互相评改试卷，找问题、问问题，又喧嚷了一天。

最后一天，每个组向全班报告他们在这个挑战性项目中的进展。

没有一个组能完成这个挑战，但是，每个组都说他们学到了很多从前想都没有想过的东西：

“我知道了原来澳大利亚的冷热季节跟我们刚好相反。”

“我知道了原来镜子在野外生存中有很大的作用。”

“针鼹原来是哺乳动物。”

“三角帆原来要侧向前方才能被风吹动。”

“中和反应产生的盐不是我们平常吃的盐。”

最后只有不到三分之一的学生拿到A，但是没有不及格的。

“我很遗憾，很多人无法保住手里面的那个A，不过，我想你们应该对自己的成绩感到满意吧？”

“满意！真的，我长这么大，还从来不敢想象自己可以拿到

C 呢！”

秋季开学那天，我在走廊上碰到珍妮丝和一大堆黑人孩子在一起用超大的声音说笑，其他学生都皱着眉避开她们。珍妮丝看见我，尖叫着扑过来，给我一个熊抱，然后很骄傲地回头对她的朋友们说："嘿，瞧！这是我最喜欢的老师！我在他的班上拿到了一个 B，你们相信吗？ B 耶！”

“哈哈哈哈……”她的朋友们哄然大笑，“你？拿 B？你能吗？哈哈哈……”

“你们都给我闭嘴！”珍妮丝的尖叫声让我们都捂住了耳朵。

新的学期开始了。

我与小留学生

一

第二节课是系主任行政时间，我没有课。刚想泡杯茶，教导主任鲍塞先生就推门进来了：“方先生，能帮我翻译一下吗？”

以前，鲍塞先生的秘书会说中文，学校里面华裔学生多，家长不会说英语，都是靠她翻译。最近州里面的预算出现危机，给学校的拨款减少了 60%，学校只好炒掉一批非教学人员。鲍塞先生现在的秘书会说西班牙文，但不会说中文，所以需要人翻译中文的时候，通常就找到我头上了。

我走进教导主任的办公室，正赶上校警罗富林，一个高大健壮的白人警官从里面走出来。他看见我后笑得双眼眯成一条线：“方先生，我刚把他们像老鹰拎小鸡那样拎进去你就到了，真快呀！”

我看看他那双像蒲扇一样的大手，想象着他如何一只手提着一个做坏事的学生，拎进教导主任的办公室。

在办公室里，我看到了三个头发染成金黄色和黄褐色、穿着很长的衬衫和很宽大的牛仔裤的男生。他们一个个低着头坐在那里，我注意到其中一个人还戴了一只大耳环，金晃晃的，很是惹人注目。

鲍塞先生把我让进里间，对我说：“最近一段时期，学校附近的居民报警说他们的车上面那个代表品牌的金属标志被人偷走了。校警加紧巡逻，今天果然抓到了三个。”

住在我们学校附近的居民大多是中产以上的华裔家庭。有钱的华人跟有钱的美国人有一个很大的区别，那就是华人买车主要是给人看的，实用与否排第二位。因此，在我们学校附近的社区，奔驰、宝马、雷克萨斯、保时捷之类的名车随处可见。而很多华裔高中男生的爱好就是收集名车的品牌标志，比如奔驰车上那个“方向盘”标志，本田车上那个“H”标志，保时捷车上的“盾牌”标志，捷豹车上那只飞扑的“豹子”标志，都是他们的心爱之物。这些品牌标志大部分是无法购买的，要想得到，就得从人家的车上面拆下来，那就是偷了。

鲍塞先生把一堆“方向盘”“盾牌”“豹子”摆到桌上，“看看，这就是他们的罪证，都是当场抓获的。他们已经给人家的汽车造成了几万美元的损失了。”在美国，假如车主愿意多花几千美元，就可以把车上面那块品牌标志换成镀金的。我注意到这堆赃物里面竟然有一只捷豹的小金豹，非常罕见，估计值不少钱。

鲍塞先生想让我给这三个学生的家长打电话，告诉他们，警察已经逮捕了这三个学生，要家长来处理法律上的事情。在美国，逮捕意味着进入了司法程序，可不是开玩笑的。我吓了一跳，心想，这几个学生要是被学校的保安抓到，最多是停学处分，但他们运气不好，被警察碰上了，弄了个“逮捕”，这祸可闯大了。

第一个学生家里的电话没有人接。“你的父母上班了吗？”我问，希望这个学生至少给我个手机号。

“我的父母在中国。”嗯？留学生啊！“监护人呢？”

“我叔叔，上班去了。我婶婶？离婚了……”

我打到他叔叔的公司，人还没有到，还在路上堵着呢。下一个学生。

“请问是王小明的家长吗？”

“您找张总吧？请稍等。”“我是张总，请问哪位找我？”电话那边传来洪亮的男声。

奇怪了，王小明他爹怎么姓张了？

“哦，我是王小明的监护人。他爸爸是我在中国的生意合伙人，他觉得把孩子送到国外读中学更好，不用参加高考，还可以接受素质教育。这孩子可没少让我伤脑筋，差不多天天都有老师投诉。我自己都忙得一塌糊涂，哪里还有时间管他呀！什么？逮捕？你说清楚点儿，怎么回事？！”

这个电话的结果是张总派了个秘书来，他自己有一笔大生意，无法分身。

第三个学生。“什么？逮捕？老师，您会说中文，我给您个电话，您自己打到中国找他爸妈好了。我只管他吃和睡，其他我都不管的。我连他爸妈长什么样都不知道，朋友托我帮忙，我贪那一个月几百块钱才收留他的，可千万别连累我……”又是一个小留学生。

二

这个学期刚开学不久，一个学生就神秘兮兮地告诉我：“今年学校对面好像挺有钱的哦！”

我们学校对面是一排房子。房子前面的马路边上，每天都停了一列名跑车，有保时捷、奔驰、宝马，还有一辆法拉利，最便宜的是一辆八万多美元的本田。旧金山的房子小，车库也小，所以，很多人都把车停在房子前面的马路边上。我知道我们这个区近两年的房价一直在往上涨，不过，即使房价涨得再厉害，房主人也不会摆阔气摆得那么厉害呀！月收入不超过两万美元的美国人，很少会买价钱超过八万美元的车。旧金山的教师第一年的年薪是五万多美元，足够买一辆奔驰轿车，但是，即使是拿最高年薪的教师也不会买。（国内一些朋友月收入才几千人民币，却敢买二十几万人民币的车，对比起来，国内的朋友比美国人“狠”得多。）因此，虽然用国内的消费观点来看这些名牌跑车根本就不算贵，但是在美国还是比较罕见的。这些车经常吸引不少喜欢车的人过来看，这附近竟然变成了跑车展览馆。学校对面的房子基本上没有换房东，即使换了，也不会有那么多有钱人同时住进来，所以，我基本上可以肯定这些新跑车是属于我们学校的学生的，而这些学生八成是华人新移民。

我刚准备走上学校前面的台阶，就看见那辆鲜红色的法拉利（六十多万美元一辆，在美国房价便宜的地方，可以买一栋超大的别墅了！）的车门像宇宙飞船那样向上打开，一个染黄了头发的男生钻了出来。他看见我，咧着嘴就叫“老师”。

“嘿，小桥，车子是你的吗？”

“唉，破车，随便开开吧，我连驾照都没有呢，开太好的车万一出什么差错，便宜了警察。”

乖乖，全新的，叫破车！

这个小桥不是我的学生。有一天，我在课上让学生分小组讨论一个问题。我在班上巡视的时候，发现一个男生正低声地问班里面最漂亮的女孩儿蓓蓓：“我大哥想跟你处朋友，你接受吗？”

蓓蓓瞪了他一眼：“发神经！你大哥是谁呀？不认识，一边去！”

“我大哥想问问，你要多少钱才答应呢？”男生不死心。

“你大哥有多少钱呀，那么自信？”蓓蓓觉得好笑。不过，她的笑容马上僵住了，因为那个男生从书包里拿出了一沓一百美元的钞票，“怎么样？先给你两千，一起吃个饭？”

我立即把那个男生请到了教导主任的办公室。

“那钱既不是偷的，也不是抢的，是小桥给我的活动费，请我帮他邀请女朋友。”他叫苦连天。

于是，“幕后黑手”小桥也被请到了教导处。

小桥不会说英文，需要我翻译。他满不在乎地对我说：“我没偷也没抢，我就爱送钱给人用，帮助别人，怎么不对了？”

“你哪来那么多钱？”我问。

“我爸一个月给我一万美元零花钱，不够我再去刷卡提款。”

后来，我在家长会上见到了小桥的爸爸。他对我说：“我跟小桥妈妈很早就离婚了，生意忙的时候，我一年都没回过几次家，哪顾得上管他呀！多给他点儿零花钱，也算是一点儿补偿吧。老师啊，咱们都是中国人，听说美国素质教育很好，我就把孩子交给你们了，靠你们培养他进哈佛大学了……”

小桥让所有教他的老师头疼。首先，他无心向学，什么功课都不想做，更不想学英语。他对我说：“我学什么英语？在美国生活，还会不懂英语？为什么要我做功课？美国不是素质教育吗，学生上课不就是玩的吗？怎么逼得我比在中国那会儿压力还大？学这些有什么用？我爸才小学毕业，还不一样发财！”

被逼急了，他就花钱请同学帮他做功课。他有小聪明，很快就发现了这里的教育漏洞。在美国的高中，所有科目对学生的成绩评价都不是百分之百由测验和考试来决定。学生的学习成绩由学生的家庭作业、课堂作业、平时的研究项目及考试共同决定。小桥根本就没有学进去什么东西，所有的考试都是零分。但是，他会花钱请人帮他做所有不属于考试和测验的功课。而且，他从来不抄别人的作业，都是别人专门为他做好了，他才抄在本子上。所以，他的分数一直保持在中游，总能拿到 B^- 到 C 左右的成绩。

我是学校里少数会说中文的老师之一，小桥对我还是相当尊敬的。他每次看见我都咧嘴笑着叫“老师好”，然后第二句就是“抽烟吗？别担心，我的可是好烟啊！”

“任何人都不可以在学校建筑33米范围内吸烟，你没有读过《学生行为手册》吗？还有，你未满18岁，按法律规定是不能抽烟的，小心让警察逮住了。而且，抽烟危害健康，你不知道吗？”

“唉，你们美国讲究真多！”小桥抓了抓头发，一脸无奈。

“小桥，你们家那么有钱，怎么不送你上私立学校？来公立学校干吗？”

“老师，您真会开玩笑。私立学校能让我染头发吗？能让我抽烟吗？能让我穿这一身名牌吗？私立学校要穿校服，管得很严，我会那么笨，自投罗网吗？”

三

并不是所有有钱的小留学生都像小桥那样。丽丽刚来的时候，穿得十分朴素，斯文有礼，跟大部分新移民学生一样，是个勤奋上进的好学生。她用的书包是旧的，而且样式已经过时，不是时下流行的。在美国公立高中，女生通常走两个极端，要么是超性感的打扮，要么是超中性的打扮。丽丽却很特别，她不穿任何名牌，但精心选配衣服，让人每天都有眼前一亮的感觉。

校区举办学术竞赛，丽丽主动要求参加最难的演讲比赛。她每天中午到我的办公室练习。最终，她取得了第二名的好成绩。

领奖的前一天，丽丽十分为难地对我说：“我明天都不知道怎么去颁奖会场……”

“让你爸妈带你去呀！所有领奖的学生都那样啊。”

“可是，我爸妈都不在这里，他们在国内工作……”

“哦，原来你是小留学生啊。好吧，明天你到学校门口，我开车送你去好了。”

领了奖回来，我送她回家。“你住哪儿呀？”

丽丽说了个地方。我吓了一跳，那个区里全是豪宅，没有人在那里租房子住的。

“是你们家的房子吗？”

“嗯，我来的时候家里才买的。”

丽丽家所在的住宅区只有两栋楼，都是四层楼的大别墅，算是一个小地标了。丽丽指着其中一栋说：“就是这间。”

看着丽丽开门进去，我觉得头有点儿晕：这栋房子，市价两千多万美元！

第二个学期，丽丽就转到了一家很有名的贵族私立女子高中。

四

小雅并不算是真正意义上的小留学生。她的父母在她上初中的时候带着她移民到了美国。可是，还不到一年，她的父母就离婚了，然后，小雅被父亲寄养在伯父家，而父亲则回到香港，每年来探望女儿两次。小雅也就跟小留学生没有什么不同了。

父母不在身边，最大的问题就是情感上的寂寞。亲戚的家再好，也总有寄人篱下的感觉。尤其她的伯父家有两个堂兄妹，她们经常在跟她争吵的时候说：“你不是我们家的人，住在这里干吗？”这让她十分伤心。

小雅上我的汉语课没几天，就交给我一本上锁的日记本。她在日记中说，平时在伯父家，伯父伯母只是关心她有没有吃饱穿暖，另外就是把她跟同学的交往盯得死死的。一旦看见她跟男生说话，就马上审问她：那个男孩子家里是做什么的？住在什么地方？……就好像她第二天就会跟那个男生私奔似的。她希望能跟一个成年人交流思想。从前，父母在身边，她可以跟父母分享、交流，可是，现在父母都不在身边，伯父伯母有自己的小孩，而且他们的工作也非常忙，她在情感上面的需要，就完全没有人过问了。

“有什么想跟我说的，就写在这个本子上吧。”我在她的日记本上留了言。

于是，小雅把她想说的话都写在日记里，然后再交给我，和我分享她的喜怒哀乐。我给她留言，有指导，有关切，有叮嘱……这本互动日记，让小雅感觉生活有了意义。聪明、活泼、可爱的小雅，成了男生们追逐的对象，其中一个是学习成绩非常好的天才学生小森，另外一个是英俊潇洒的小留学生阿炳。每星期五我们上语文课的时候，必定会有一个花店的青年捧着999朵玫瑰花送到教室，大家不用问就知道是多金的阿炳送的。小森没有阿炳那么富有，他只是默默地给小雅叠幸运星，希望叠出传说中能感动女孩子的一万颗幸运星。

小雅感到非常苦恼，她在日记里对我说，她觉得两个男生都挺浪漫的，拒绝了他们中的任何一个，都会让自己感到内疚。

“交往不一定是一对一的，为什么你不可以跟他们两个都做朋友呢？”我在她的日记本里留言。

在下一篇日记里，小雅说：“唉，要是我的伯父伯母有你一半开通就好了！他们一看见我跟男生说话，就觉得我会嫁给那个人。”

小雅需要的是能倾听她的苦恼的父母，而不是老师。可是，作为小留学生，她无法得到父母在情感上的关爱，只好向老师求助了。

幸好，小雅是个自律性很强的女孩子，在高中的四年里，有三年她都一直跟着我上语文课，毕业后，如愿回到了香港升学。“我再也不想当留学生了。”她在最后一篇日记中对我说。

五

并不是每个在情感上无法得到父母关爱的小留学生，都像小雅那么幸运。

怡薇的父母在国内都是拥有高学历的成功商人。怡薇的父亲曾经在美国留过学。为了独生女儿的教育，怡薇的父母做了很多研究。他们研究后认为，如果等怡薇高中毕业后才到美国来读大学，她的英语能力可能无法过关。为了让怡薇可以掌握地道的英语，他们决定让怡薇初中一毕业就到美国来读高中一年级（也就是美国的九年级）。

怡薇的监护人是她爸爸从前在美国留学时的同学，学教育的，后来转行经商，也是她爸爸现在的生意伙伴，可以为怡薇提供优裕的生活条件；而且他的夫人不工作，在家里负责照顾孩子，当然也能顺便照顾怡薇了。所有安排都非常精心、到位。

怡薇的监护人一家一直居住在美国东部，怡薇来美国的时候他们才刚搬到旧金山，对这边的公立教育不算了解。但因为男主人是学教育的，自认为对美国的公立教育有深刻的了解，于是，就负责了怡薇入学报名等一切事宜。

怡薇的英语不算很好，被校区的学生分配中心分到了一所专门为新移民服务的高中，这所高中为新移民提供了帮助其尽快适应美国公立教育的双语课程。一切都让怡薇的父母和监护人感到非常满意。

怡薇很快就在这所高中交了些同是新移民，甚至同是小留学生的朋友。半年以后，怡薇从新移民高中毕业，被分配到了我们高中。

林肯高中虽然华人很多，但新移民毕竟是少数。怡薇从一所只有三百多人的学校，突然来到一所有两千五百多人的普通高中，那种震撼是可想而知的。她试图跟监护人沟通，寻求指导。得到的教导是："既然来到美国，就要努力融入美国主流社会，不可以再像在新移民高中那样，整天跟说中文的新移民混在一起，那样你还怎么学英语？不要辜负你父母对你的期待哦！”

监护人不仅这样说，而且还落实到行动上。他要求学校把怡薇编进全英语的班里去，跟美国土生土长的学生一起上课。

在美国出生、长大的孩子，跟在中国出生、长大的孩子，是很难有共同语言的。假如全校只有怡薇一个新移民，其他同学可能还会因为好奇或者关心而跟她做朋友。然而，在林肯高中，新移民学生是有一个小圈子的，因为他们大部分都在 ESL① 的班里上课。而怡薇却在主流班里上课，无法融入美国同学的圈子的同时，也因为不在 ESL 班里上课而无法加入新移民同学的圈子。

怡薇把她的苦恼告诉监护人，她希望上些双语班的课，至少上中国语文课，可以让她认识有相似背景的朋友。

监护人对她说：“我在美国是学教育的，我还不知道吗？那些双语班程度低下，你能学到什么？以后哪里还有资格上大学？听我的，你现在就挺好！”

怡薇在全英语班里彻底迷失，老师讲什么她完全听不懂，课本对她而言就像天书。她曾经试图在课后阅读课本，希望自己能先读懂，然后在上课的时候大概知道老师说的是什么。可是，她发现即使自己有一个小翻译机，课本里面不懂的单词还是太多，而且，就算把每个单词的意思都翻译出来，有时仍然不知道整个句子说的是什么。失败了几次以后，怡薇干脆决定放弃，因为即使大概知道了课本下一节说的是哪方面的内容，老师上课的时候也未必照着课本教。

决定放弃后，怡薇就开始逃学了。每天上了第一节课后，她就把书包锁进锁柜，跑出学校，到街上或商场里面游荡。

---

① ESL：全称是 English as a Second Language，即以英语为第二语言。

有一天，怡薇在街上遇见了她在新移民高中时认识的一个朋友小青。小青也是一个小留学生，她在另外一所高中就读。

“哎呀！你怎么一个人在街上逛呀！”小青大惊小怪地叫。“我介绍你认识几个朋友吧！”

后来，我在教导处见到了怡薇。原来，她在走廊玩手机被保安发现，保安要没收她的手机（加州的教育法规定，学生不可以在校园内使用手机等电子通讯器材），她就气急败坏地跟保安争吵。保安把她带到教导处，教导主任让她把手袋里面的东西拿出来，结果发现里面有五支高档手机和一盒摇头丸。

原来，怡薇参加了一个传销组织。这个组织专门介绍中学生卖淫，其中的成员每发展一个人，都可以得到相应的分红。所有手机都是固定的客户送的，什么时候需要怡薇去陪了，就打电话给她。

怡薇找到了“朋友”，找到了“工作”，情感也有了“寄托”，可是，她却被学校开除了。因为她是留学生，专门为被开除的学生开设的工读学校，她是没有资格进的。

怡薇后来怎么样了呢？希望她能平安回到国内吧！

至于怡薇的朋友小青，我最后一次知道她的消息是在报纸上。一帮少年在市内一条马路上非法赛车，其中一辆车失控撞进了路旁一间独立房屋，车上有两男一女，其中一男一女当场死亡，那个女孩儿就是小青。

六

以为美国能提供“神奇教育”的不止怡薇的家长。小强的父母是成功的商人，他们没有时间过问小强的学习，结果，小强在读小学三年级的时候没有一科及格。当地因为普及九年义务教育，不允许学生留级，于是，小强就上了四年级。小强上了四年级后完全跟不上，他的父母就把他送进贵族学校，让他重新再读一次三年级。可是，小强仍然不及格。而且，因为他比其他三年级的学生年纪大，他在学校里纠集了一帮学生，自己当起老大来了。贵族学校及时发现了这个情况，通知家长后开除了小强。小强的父亲把小强教训了一顿，让他去一所私立学校读四年级。但是，他仍然不及格。不过，因为小强的父亲是学校的捐款大户，学校专门找人为小强补习，勉强让他升上了五年级。在他读五年级的时候，小强的父亲的一些朋友跟他说美国的素质教育多么神奇：学生没有什么压力，不必做功课，有空就玩那些培养创造力的游戏……最重要的是，孩子在上小学时就能学到最正宗的英语。小强好动、爱玩，那不正说明他很有创造力吗？小强喜欢当老大，这不是具有领导才能吗？小强喜欢打架，在美国跟力气大的黑人或白人小孩在一起，也不会吃亏……既然小强在国内读书读得那么辛苦，为什么不把他送到美国去？据说，美国的公立学校连课本、文具和三餐都是免费的！

于是，小强就来到了旧金山。小强的父母没有想到的是，在美国，学校不是根据学生从前读什么年级，或者具有什么学术能力编班，而是根据学生的年龄编班。小强被编进了八年级，也就是初中三年级。一个连小学三年级课程都没有学明白的学生，竟然进了初中最高的年级，小强自己都觉得好笑。他是二月份来美国的，到八年级毕业（六月份）时，他连学校的方向都还没有弄清楚，更不用说在课堂上学到什么东西了。旧金山没有初中毕业文凭，因此，小强直接就上了高一，也就是九年级。他就读的那所高中主要是帮助新移民学生过渡，在学术上的要求不太严格。小强在那里混了一年，除了中文以外所有科目都不及格，监护人就把他弄到我们学校来读十年级，也就是高二。

小强拒绝学英语，因为英语对他来说太难了，他根本就不知道从哪里开始学。小强也拒绝学习其他科目——学校为帮助他适应新环境，每天给他提供三节中英双语课程。但他的问题是，他连上课老师讲的中文内容都听不懂，他根本就不知道老师说的是什么。如果说在国内的时候，小强的问题只是无法学习小学课程，到了美国后，小强的问题就是无法学习高中课程和一门新的语言。

小强当然能在学校里找到跟他同病相怜的同学，于是，他们就一起逃学，一起到外面吸烟了。

中午上课前，我不时会见到小强在学校旁边的街道上溜达。

“小强，你不去上课，在这里干什么？”我问。

“老师，我的烟瘾犯了，找个地方抽几口……”

“别在学校建筑 33 米的范围内抽啊，被校警看到了，吃不了兜着走。还是上车吧，我带你回去上课。”

“真的吗？警察太厉害了，我躲远点儿……”他撒腿就跑，一会儿就没影了。

回到学校，我见到教导主任，“搜搜小强的书包，他刚才说到外面去抽烟。”

教导主任沮丧地说：“我每次都能搜出一包烟，都不知道他到底藏了多少包。我们拿他一点儿办法都没有，他的父母不在这里，监护人又不管他。”

中国和美国的教育制度不同，因此，决定把孩子送到美国学校就读的中国家长要好好了解孩子的学校、孩子的学习情况及孩子的情感状态。美国不仅公立学校和私立学校之间差别巨大，甚至同一座城市、同一个年级的公立学校之间也存在着比较大的差别。把孩子送到美国，然后自己在国内“遥控”的做法，是相当危险的。

作弊的故事

一

林肯高中每年都要举行一个颁奖大会。在这个大会上，各大学、各奖学金组织、各大公司的代表向获得奖学金的高中毕业生颁发奖学金。因为成绩好的学生不太多，所以，假如是按照成绩来选择奖学金得主的话，各大奖学金组织会不约而同地选择那几个学生，我们常常会在颁奖大会上看到“大满贯”得主 —— 某个学生会得到几乎所有奖学金。

这次颁奖大会出现了一段小插曲：一个女生得到了某私立大学二十多万美元的奖学金，高高兴兴地上台领奖，这时台下忽然有一群学生大喊“骗子”。

下一个颁奖嘉宾是学校的一位系主任。往年他在颁奖的时候，通常只说“今年的得主是某某”，就完了。可是，这次他却多说了一句话：“今年的得主是某某。这位同学是真正用自己的实力，诚实地赢得这份奖学金的。”很明显，他是在影射刚刚那个得到奖学金的学生并不是用自己的实力赢得奖学金的。

原来，那个女生在读高中期间曾经多次作弊。最恶劣的一次，她竟然撬开老师办公桌偷盗试卷，让老师当场逮住。

这次失败并没有影响她，她还是一有机会就作弊。她非常有野心，从进学校的第一天起，她就下定决心要进名牌私立学校。但是她家里面根本负担不起，所以，她决心每一科都拿最好的成绩，争取得到奖学金，实现她的大学梦。

假如她不是在旧金山的话，做到这一点完全不困难。

国内有很多人称赞美国教育，认为美国提倡素质教育，可以让学生发挥创造力，不像国内，给学生那么大的压力。

说这些话的人其实忘记了一点：假如美国也像中国一样有那么多人，就没有老师敢让学生没有压力地读书，没有学生敢整天“创造”而不准备考试。

旧金山只有八十万人，国内一座大城市的一个住宅小区的人口可能都比旧金山整座城市多。旧金山的公立和私立学校的学生加起来有十五万人左右，其中一半是亚裔。旧金山的亚裔，尤其是华人，被这里优越的气候环境、规模宏大的中国城、完全见不到歧视的“小广州”“小香港”“小台北”之类的住宅区给宠坏了。几乎没有华人愿意到外州读书，都往旧金山湾区仅有的几所大学挤。在旧金山附近只有两家四年制公立大学：加州大学伯克利分校和加州州立大学旧金山分校。前者是全美排名前二十名的名校，而且学费又低，自然是所有华人精英学生的首选。该校在招生时，假如是黑人学生和南美裔学生，平均成绩 2.0 就可以入学；但假如是华人学生，平均成绩 3.8 以上才能入学。热门的科系，华人录取率只有 3%~5%。

在这种情况下，能不能取得好成绩，跟个人是否勤奋已经关系不大了（在美国的其他地方，只要足够勤奋，上比较好的大学还是比较容易的），要在竞争中取胜，只能靠智商。有些学生把智商都用在学习上，他们靠取得最好的学习成绩来战胜竞争对手。但是，另外一些学生知道自己的智商无法跟学习成绩最好的同学竞争，便走旁门左道。在美国，因为长期以来竞争不激烈，所以老师对学生作弊并不敏感。出了考卷后，往办公桌抽屉里面一放，连锁都不锁。考试的时候，还允许学生们坐得很近。很多老师根本不知道夹带小纸条、把重要的东西写在自己考试时坐的课桌上之类低级的作弊方法。而很多从国内移民来的学生，都是在激烈竞争的环境中走过来的，作弊的方式已经从夹带小纸条进化到了使用电子仪器。一些懒得动脑筋的学生干脆请高年级的同学吃顿饭，考试内容就一目了然了（在美国，每年的考试题目基本一样，不会改变）。

近年来，学生的作弊现象更加严重，而且，学生已经懂得利用规则的漏洞作弊了。这篇文章开头提到的那个女孩子，就是利用规则作弊的高手。她虽然在偷考卷的时候被当场发现，在档案里面留了一张处分，可是，她竟然在朋友的帮助下，把这张处分偷了出来毁掉了。另外，奖学金颁发机构是根据学生的自我申请、成绩以及推荐人的推荐信综合考虑的。她让不知道她曾经偷过试卷的老师给她写推荐信。她还知道奖学金颁发机构在讨论奖学金得主的时候是保密的，一旦做出决定，就不能更改。所以，即使校长和教导主任在得知这个学生得到奖学金后马上与奖学金颁发机构沟通，说她曾经作弊，也无法令奖学金颁发机构取消给她的奖学金了。最终，她顺利地得到了奖学金，并顺利地进入了她期望进入的大学。

二

为了遏制这一波波的作弊狂潮，学校成立了“学术诚实委员会”，针对各种作弊现象制定出了惩罚措施。比如，若发现两个学生的作业完全一样（连错误都一样），两个人都得零分；第二次发现，就记过。考试作弊或者偷试卷之类的行为一经发现就记过，并且该科目总评不及格。

然而，学生并不在乎。

开学的时候，我刚把“防止作弊细则”给学生讲了一遍，就有学生问我：“老师，我在你的班上能不能作弊？”

“什么意思？”

“很清楚嘛，您考试的时候最好让我们开卷。您想想，在现实社会中，谁会要求科学家做研究不能跟别人合作，也不能查书、查参考资料？把学过的东西默写出来，就能培养我们的创造力了？”

嘿，还说得理直气壮了。

“在我的班里，不可以作弊，也没有什么开卷考试。”

“我还没有见过这么没有人情味，非得葬送我的前途的老师。告诉你，我妈妈会天天跟着我一起上课，只要我的成绩低于B，你就得给我补习，帮我想办法拿到A。我要是得不到A，我们会一直告到教育局，告到校董会，说你不教书。哼，你不仁，我还不能不义吗？”

“老师，你不会这么没有良心吧？不让我们抄作业，我们的未来怎么办？我还要上名牌大学啊！你要毁了我的未来吗？我自杀给你看……”

其他学生也七嘴八舌地向我发难。

这些学生和暑期学校里那些从来不读书的学生不同，他们基本都是好学生，统考的阅读和数学测验拿不到70%以上的分数，是不能进我这个班的。

“这样吧，”我说：“大家一开学都能得到A，你们的任务就是保住这个A，别让我扣分就是了。”

“别来这一套。不开卷考试，我怎么能保得住我的A？你不会这么残忍吧，老师……”

“我给你们A有什么用？到了明年四月份，你们就要参加全州统考了，成绩不及格照样上不了大学。还是给我好好用功，别想着作弊吧。”我终于使出了杀手锏，学生们这才住嘴。

六个星期之后，我给学生分发第一次考核的成绩单。全班35个学生，有18个不及格。

我并不希望有那么多学生不及格。原因很简单，学校规定，老师必须及时通知不及格学生的家长，并提供补救的办法。在此之前，我每两个星期给家长发一次通知，而且规定不交作业、抄作业以及测验不及格的学生课后去学校的补习中心补习。但是，很多学生根本就没把通知交给家长，也不去补习。很多家长也认为，让孩子参加体育或者音乐活动比参加补习更重要，不止一次在电子邮件和电话中暗示我教的东西太难，连他们当医生、药剂师的都不会；或者说我的要求太严格，应该让孩子们多一点儿玩的时间，才不会留下童年的阴影。

其实，与中国的成绩评价方式相比，美国公立高中对学生的评价标准已经是相当宽松的了。学生每门课的成绩并不是仅仅由期中、期末两次考试决定，还包括平时的作业、课堂练习、测验、实验报告、自我小结、研究项目及出勤。也就是说，一个学生只要天天上学，即使什么作业都不做，每次考试时都交白卷，也最少可以得到5%~10%的分数。

当我把学生的成绩报告单寄给家长时，家长们才着急起来。很多学生不仅测验不及格，而且连作业都不交，理由就是“老师不让我们互相帮助”。家长们纷纷要求我让他们的孩子补交作业。有的家长对我说:“判了刑的人都有改过自新的机会，您总不能不给孩子们补做作业的机会吧？”

补做作业其实就是作弊。这些学生不交作业，等老师批改完其他同学的作业，知道了答案才“补交”，根本没有任何意义。但是，我无法不让他们“补交”，否则，上面会给我施加压力。

这些学生最后都得到了C或者D。据副校长说，他们的家长还是不太满意："美国的教育不是鼓励快乐学习、以学生为主体吗？怎么可以给 C？难道这个老师把中国教育那一套搬来了？"

看来在作弊和反作弊的攻防中，我已经输了一局。

三

不过，学生作弊再出格也是业余级别的，跟家长作弊根本不在一个层次，家长的专业作弊更可怕。

我的班上每年都会有两三个特殊教育的学生。美国将智力低下、天生有残疾的学生照顾得非常周到，不但每所学校都设立了特殊教育系，有专门的老师、心理学家、顾问、助教、语言治疗师甚至物理治疗师为患有不同残疾的学生服务，而且，尽量让被诊断为需要接受特殊教育的学生跟普通学生一起上课，以培养他们将来在社会上的适应能力。在普通班上课的特殊教育学生，残疾的程度没有那么严重，但他们的智力确实是比班里面最差的学生还要差一截。然而，这些学生的家长往往认为他们的孩子比正常的学生更正常，甚至自己的孩子就是天才，一开始就给自己的孩子设立了不切实际的目标。根据相关法律规定，学校的工作人员应尽量满足家长的要求，绝对不可以说："你的孩子智商不够，根本无法上这门课。"于是，就出现了"专业作弊"的现象。

我曾教过一个名叫罗丝的特殊教育的女生。每个参加特殊教育计划的学生都配有一个顾问，专门负责他们的学习、治疗以及生活。开学后，顾问在征询了各方面的意见后，会为这些学生制定一份"个人教育计划"(Individual Educational Plan)。罗丝刚到我班上的时候，是个活泼可爱的女孩儿，很听话，跟别的学生没有两样，我甚至都不知道她是参加特殊教育计划的学生。可是，刚过了几天，我就发现她的自我管理能力非常差。比如，上课的时候不会记笔记，书包乱得一塌糊涂，找一支笔要找半天，再找一本书又要找半天，然后再找笔记本，此时别人已经记完一页，老师也换内容了。另外，因为她有阅读障碍，看一句话需要比别人多花三四倍的时间，所以，很多时候她上课跟不上就干脆放弃。第一次测验后，我发现罗丝原来在小学和初中基本没学过什么东西，老师们都因为她是参加特殊教育计划的学生，一路开绿灯放她往上读，而她的智力水平实际上跟小学三年级的学生相差无几。看了她的个人教育计划，我更加确信我的看法是正确的。

要是我的班上全都是像罗丝这样的学生，我也就好办多了，给他们来个暑期学校那样的“挑战式学习”就行了。问题是，我的班里还有五六个参加“天才学生计划”的学生，你刚讲开头，他们就猜到了结尾。讲课速度稍微放慢一点儿，这几个天才学生就会闷得抽筋，然后他们就开始捣蛋，继而通过家长来给我施加压力，说我教的东西太浅，没有挑战性。

开学后两个星期，班上要专门为罗丝召开家长会。我知道罗丝的家长肯定有些不满。

罗丝的母亲、学校副校长、罗丝的顾问、罗丝的律师和所有教罗丝的老师一起参加了家长会。一开始，罗丝的律师就代表罗丝和她的家长表达了对学校的不满，因为罗丝是一个“可以通过努力进入最顶尖大学的特殊教育学生”，学校的疏忽几乎葬送了一个潜在的天才。所有学科中，只有体育老师给了罗丝一个 B，其他老师都给了 F，所以，体育老师最先获得“解放”，家长和律师在表示感谢之余，还表达了希望下次看到 A 的愿望。家长和律师给剩下的老师的问题是：为什么罗丝会拿 F？

在场的老师中我最年轻，因此，我相信只有我在师范学校学过教育特殊教育学生的理论和方法（虽然大部分我都无法同意）。以前，有个大学学位就能当老师，不需要接受什么额外的教学法训练，所以，这些老教师虽然经验丰富，很会教书，却不一定能对付这样的学生、这样的家长。于是，我决定代表这些老师发言。

“各位，我看到罗丝的个人教育计划后，给她设置了一套特别的教育计划。我相信在座的其他几位老师也是这样做的。首先，我让全班学习成绩最好的一位女同学跟罗丝坐同桌，随时提醒和帮助她抄笔记和看书。我还准备了两打各种颜色的笔和三本课本、五本笔记本，让罗丝在找不到自己的课本、笔记本、练习纸和笔的时候可以随时取用。另外，我让她坐到最容易看到老师和白板的地方。每次布置作业，我都给她比别人多三倍的时间；每次测验，也是给她一份她能看懂的、难度适合她的题目，而且也给她比别人多三倍的时间。罗丝的问题是，她只完成了20%的作业和测验，很多作业都没有交。我把通知信寄到你们家，家长对此并没有回应。另外，我了解到罗丝有专门的课业辅导课，我曾要求她放学后和午餐时间参加课业辅导课，然而，她宁愿花时间去打排球也不愿意参加辅导。所以，她不及格是有原因的，而这些原因是我们老师无法控制的。”

罗丝的母亲跟律师低声商量了几句，说：“很感谢大家为罗丝做的一切，我相信大家已经尽力帮助罗丝了。但是，我们当家长的想知道，如何做才能让罗丝门门功课都拿优，将来进入最好的大学？”

我本想说，她门门功课拿优的可能性比太阳从北边出来的概率还低一点。不过，我没有说，而是很有礼貌地请罗丝的顾问说说该如何做。

顾问不紧不慢地说：“方先生确实已经做了很多工作帮助罗丝。不过，要让罗丝取得好成绩，我们还可以多做一点儿。我提几条建议：第一，建议所有的测验和考试，罗丝都可以拿到课业辅导课上，让老师辅导她做，第三天再交，以保证她的学习任务跟她的能力相匹配。第二，建议老师为罗丝准备一份书面的笔记和板书，让她不必抄得那么辛苦。第三，建议老师用不同颜色的笔为罗丝画出要读的课本的章节，方便她在阅读的时候理解。”

所有的老师都摇头。这算什么建议？所有的测验和考试都在个别辅导下完成，不必抄笔记，不必理解书上的内容，阅读的时候还要别人帮助理解，那究竟是她读书还是其他人读书？

那律师说：“这些建议非常好，我再加两条吧……”

我赶快抢着说：“所有的测验考试题都先给罗丝一份，让家长帮她预习；另外，所有的作业都让罗丝的同伴先帮她完成，她消化、明白了以后，想抄多少在她的作业本上就抄多少。”

律师听了我的话十分高兴：“方先生，您真专业！我代表罗丝谢谢您的支持！这样好了，我们不耽误您的时间了，您先回去上课，我们把新的教育计划做好，您签个名就可以了。我想，我们还需要和其他几位老师沟通一下关于特殊教育的理论和应用，因为他们一直在摇头……”

我赶快夺门而出。心想，嘿，这样专业的作弊，我惹不起。

美国考场趣闻

加州在最近三年内增加了五个不同种类的统考，起因就是加州的教育总长访问了中国、日本和韩国。他回来以后召开记者招待会，第一句话就是：“我知道为什么亚裔学生的学习成绩那么好了，原来亚洲国家都有统一的考试！我现在才知道，原来学生学习了一段时间后，就必须让他们考一次试！”从此，所有加州公立学校的学生都必须参加各种各样的考试。美国的学生从来没有考过那么多试，十分不习惯，于是就出现了各种有趣的场面。

一

一次，我在一个班监考学术水平考试。这个全州统一的考试要连续考五天，每天考四个小时，学生非常辛苦。我监考的班大部分是黑人和拉丁裔学生，平时没有几个人好好上学。但是，第一天考试，他们竟然全体都到了，没有一个缺席的。我把选择题的电脑答卷发下去，正准备发试卷，好几个学生就已经交卷了，而且还在争谁第一个交。

“等等！我还没有发试卷呢，你们怎么就做完了？”

“老师！发不发试卷对我们来说还不是一样？”

“明天不许那么快交卷！起码要看看考试题目才能填你选择的答案啊！”

“放心吧老师，我们保证做到！”

第二天，那些学生又全部出现了。我发了空白答卷，然后又发了试卷。学生们非常认真地填答卷，教室里面静得连根针掉在地上都能听见。难道我的威信这么高，这些学生都听我的？我开始沾沾自喜起来。考试完毕的铃声响了，我催了两次学生们才很不情愿地交卷。一拿到他们的答卷我就傻眼了：一只米老鼠正对着我哈哈大笑！原来，学生们用涂黑电脑答卷选项的方法，在答卷上面制作了很多用黑点组成的动物和植物，惟妙惟肖！他们花了那么多时间，原来竟是在研究如何用那些点来创作图案！

二

美国的生物考试通常会有一些非选择题，要求学生简单写出答案，也有所谓的“作文题”(essay question)，要求学生写一篇作文来回答题目。美国学校要求学生完成的“作文”分两种：一种是“八股文”(essay question)，学生必须严格按照格式来写，若格式错了，哪怕内容再好都不及格，这种作文只在考试中出现；另外一种是“创造性作文”(creative writing)，没有格式的限制，但考试时不准写这种作文。

“八股文”的格式通常是这样的：开头先提出背景，引出讨论的主题，再用一两句话说出自己的三个论点；然后，针对每一个论点，写出理由及论据；最后，总结论点，提出做法。老师评卷的时候先看作文的所有部件是否齐全，缺一个就不及格，内容就不必看了；假如所有部件都齐全，才看主题；最后才看论证有没有道理。只要学生的论证有道理，主题鲜明而且结构完整，就能得高分。内容是否健康是联邦调查局要判断的事情，老师是不管的。

我曾在那个很多学生都无心向学的班监考过加州生物统考。学生们很快就把选择题做完了，因为基本都不懂怎么做，都是乱填。很多人连一个句子都写不全，让他们写作文简直就是开玩笑，于是，很多人就在试卷上画画。只有一个前两天数学和历史考试什么都没有写的学生，在用不到两分钟做完全部选择题以后，在作文题那里不停地写。全班都交卷了，他还在写。

他交完卷之后，离下课还有半个小时，学生们都在享用家长协会提供的食品和饮料（每次全州统考，家长协会都会给每间考场提供小食和饮料），我便欣赏一下这个学生究竟写了些什么。

作文的题目是“请举例说明达尔文进化论中的种内进化和种间进化在自然界中是如何进行的，并对物种的进化作出你的预测。”

那个学生写了一张纸，大意是这样的：

现在，地球上的少女有美有丑。根据达尔文的进化理论，我预测：将来美女会越来越多，丑女会渐渐灭绝。理由是：美女才有人要，才能嫁得出去，才能繁育后代；丑女没有人要，嫁不出去，自然无法繁育后代。丑女的后代当然也很丑，由于没有人愿意娶她们，甚至没有人愿意跟她们一夜情，她们自然无法繁育后代，结果是丑女不适应环境，越来越少，慢慢灭绝。因此，少女会越来越美丽。

（中间用八股文的格式论述了他的观点）

总结：美女人见人爱，她们能很好地适应环境，繁育后代；丑女人见人恨，无法适应环境，会慢慢灭绝。建议：假如你是丑女，应该赶快自杀，帮助人类的进化快一点儿完成。

这样的作文，在国内肯定是不及格的。不过，在美国，由于他的作文格式正确，主题鲜明，起码能得 80% 的分数。他的问题主要是没有说出种内进化和种间进化的理论是什么，在自然界是如何进行的，但这并不妨碍他能得到大概 80% 的分数。

后来，我看到了这个学生的成绩分析报告，这道题，他果然得到了 80% 的分数。

美国有高考吗

美国有高考吗？这是国内的同行经常问我的问题。黄全愈博士甚至写了一本洋洋万言的书，书名是《“高考”在美国：旅美教育专家眼里的中美“高考”》。

美国有高考，也没有高考。

说没有，是没有像中国这样的、全国统一的、集中在每一年那几天的高考。

说有，是说在美国学生申请大学也要参加考试。

先说说美国的大学为什么要求学生上大学之前参加考试。

美国的大学非常多，所有高中毕业生都上大学都没有任何问题。因此，美国的很多公立大学，录取学生的唯一标准就是年满 18 岁。但是，我们也知道，美国的公立高中里大概有一半的毕业生是根本没有资格读大学的，因为他们连基本的读写和算术都不懂，让这样的人进大学会把所有大学教授都气死，或者让所有大学教授都开始给学生补习中小学课程。因此，所有开放招收年满 18 岁的学生的大学，必定要让申请上这所大学的学生考一次试。这个考试不是用来决定谁能进、谁不能进的，而是用来了解学生的文化程度的，叫“分班试”(Placement Test)。假如在分班试中发现某个学生只有小学一年级的程度，对不起，请先上大学里专门为成人学生提供的扫盲班，等具备了高中毕业程度，才能上大学程度的课程。我看过一份统计资料，从 1995 到 2000 年，全美社区大学的扫盲班，从占一般学校开班总数的

10%，增加到了 30%，规模是越来越大。这些大学也乐得多开一些扫盲班，因为教这些班的老师不必具有博士学位，可以用低薪聘请，而学生却跟普通的大学生一样交同样的学费。对社区大学来讲，学生在学校里逗留的时间越长，学校就能从他们身上赚越多的钱。

名气大一点儿的大学，申请人数当然是比该学校能提供的学位多。这些大学自然就不能用开放招生的办法来招生了，“择优录取”也就成了很自然的选择。

美国的大学判断高中生是否“优秀”的标准跟国内的大学有很大的不同。美国的大学喜欢品德优良、身体素质好、具有领导才能且具有在大学里面深造潜质的毕业生。品德和领导才能是学生在社会活动、社团活动和义务工作中表现出来的，并不是通过一次考试可以考出来的。因此，品德是否优良通常是由学生的顾问或者是任课老师在写推荐信的时候写的。假如学生课后去做义务工作，相关单位也会给学生写推荐信证明该学生品德优良。另外，学生有一个档案存放在学校档案室，这个档案从学生上小学就一直跟着他，直到高中毕业。是否有记过、开除之类的处分，一查就知道了。国内的老师肯定要问：推荐信是否可以乱写？教师为了提高“升学率”，可以把自己所有学生都写得很好啊。美国人很讲诚信，不实的推荐信只要被大学发现一次，以后该教师写的任何推荐信就都没有效力了。而且，美国大学的录取部门不是一两个人，而是几十个人，他们在看推荐信时会看哪些方面，你是无从猜测的，因此，只写“这个学生是我教过的最好的学生”一类的空话是没有任何作用的。学生身体素质好不好，要看学生在课外运动中的表现。一个校队的主力队员被名校录取的机会当然远远高于一个从来没有参加过学校运动队，甚至连啦啦队都没有参加过的学生。

在对学生的这几项要求中，只有一项是学术要求 —— 具有在大学里面深造的潜质。名校不同于社区大学，不可以大规模组织扫盲班，因为名校每年都要在大学排行榜上与其他学校竞争，其中一项指标就是教授对学生的比例，即平均一个教授要教多少个学生。这个比例当然是越大越好，比例越大，说明学生越容易得到教授的照顾。加州理工学院每年都在大学排行榜上名列前茅，因为他们的教授对学生比例高。另外，他们拥有 85 位诺贝尔奖得主。在排行榜上名列前茅的大学更容易得到大企业的研究经费赞助，政府也愿意为他们提供研究经费。所以，就算是为了钱，名校也希望扫盲班水平的学生越少越好。如何保证进来的学生不会进扫盲班呢？当然就是要在录取之前对他们的学术能力好好把把关。国内的大学考核学生的学术能力，目的是淘汰一部分申请人。因此，会出一些非常刁钻的题目。但是，美国的大学考核学生学术能力的目的，是希望避免出现学生因为无法继续学业而中途退学的情况，那样学校就赚不到学生的学费了。所以，美国大学对于申请人的学术考核，全是预测申请人将来能否在大学某个专业领域深造，而非考核申请人记住了多少高中知识。

中国高考的目的不是预测考生将来能否在大学里面成功深造，而是想知道学生究竟掌握了多少知识和技能，用的考试叫“标准参考考试”(Criterion-reference Test)。美国名校用的考试叫“性向考试”(Aptitude Test)，也叫“能力倾向考试”。

预测申请人将来是否能在大学里面成功深造，还有一种很直接的方法：假如申请人在上高中的时候就已经成功地修读了大学里面的某些课程，不就能很好地证明他有能力在大学里面深造吗？基于这种理论，美国的大学在考察申请人的学术水平时，也会参考“大学先修课程考试”(Advanced Placement Test，简称 AP 考试)。

综上所述，美国大学用来考核学生学术水平的“高考”有两种，一种是性向考试，另一种是 AP 考试。AP 考试由大学考试委员会（College Board）负责管理，这个机构也负责其中一种性向考试——学术能力评估测试（Scholastic Assessment Test，简称SAT）。美国的大学广泛采用的另外一个性向考试叫“美国大学考试”（American College Test，简称ACT），它是由另外一个机构负责的。

相关研究表明，假如高中生的英语阅读、写作及数学成绩较好，在大学里面更容易取得成功。因此，性向考试通常是集中考查学生的阅读、写作和数学水平。以全美使用得最广泛的SAT I考试为例，从2005年3月份开始，英语方面是考核学生阅读理解能力、对英语语法的理解以及写作八股文的能力；数学方面则是考核算术、代数和高等代数的能力。英语和数学每一科满分是八百分。每年共举行七次考试，学生自己注册，自己掏钱去考，可以把考得最好的一次报告提交给自己希望进入的大学。

大学考试委员会还提供具有“标准参考考试”功能的性向考试，这就是SAT II考试。SAT II包括一些不同科目的考试，如生物、化学、法语、汉语、日语等。某些大学会要求学生提供SAT II的成绩，以进一步了解学生在某些课程上的学术水平。

毕业舞会的难题

每年四五月份是美国高中生毕业舞会的时间。

一大清早，雅诗就怯生生地走进我的办公室，“老师，没有人请我去毕业舞会……”说着，她的眼圈都红了。

“你的男朋友呢？”我奇怪极了。雅诗是一个很漂亮的中国女孩儿，曾经在学校的选美舞会中当选过“第一公主”，她还被学生们评选为校园“四大美女”之一。她的男朋友为什么不请她参加毕业舞会？

“我跟庄尼吹了！他总对我动手动脚！可是，没有人知道我跟庄尼吹了的事情啊！现在只剩下不到一个星期了，难道要我主动邀请男生？或者公开宣布我已经甩了我的男朋友？”雅诗虽然一直在谈恋爱，却是一个非常洁身自好的女孩子，而且学习成绩也丝毫没有因为谈恋爱而退步。

庄尼是学校足球队的明星球员，高大英俊，跟雅诗看上去是天生的一对。他们两个好像已经好了一年了，想不到竟然在毕业舞会的前夕分手了。

国内的班主任大概不会认为雅诗的问题是一个问题：你们这是“早恋”啊！竟然还敢在我面前长吁短叹的，成何体统？！可是，对美国的老师来说，雅诗的问题真的是一个大问题！

对美国高中生而言，毕业舞会是他们进入成人世界的一个非常重要的仪式。舞会通常会在一个非常高贵、有情调的地方举行，还会邀请专业的主持人和专门的乐队。每个参加舞会的男生都必须西装革履；女生则必须穿上高贵的晚礼服，力求以最具女人味的形象出现在众人面前。毕业舞会通常都是情侣一起出席的。男生一般会租一辆名贵的房车去接女朋友，两个人去高档餐厅共进浪漫晚餐，然后一起去参加舞会。没有这个经济能力的男生，会几个人凑钱租一辆大房车，一起去接他们的女朋友，然后一起去参加舞会。

美国高中生的毕业舞会也是商家最重要的生意机会之一。每年的新年假期一结束，相关的商业机构就开始对高中生展开密集的广告攻势。最赚钱的是礼服公司和为毕业舞会提供一条龙服务的公司。男生的西装、领带、名牌皮鞋等全套行头，要几千美元；女生的晚礼服假如是名牌，或者是时装设计师设计的，可以达到天文数字。通常经济状况不太好或者是中产阶级以下的家庭的学生，都不会购买毕业舞会礼服，毕竟只有一次机会穿。他们多数是租礼服。不过，就算是租，也得花上几百美元。此外，男生还要负责租车去接女朋友；女生除了准备礼服以外，还要做头发、做专业化妆，甚至要到纤体公司减肥、美容。这样，餐馆、酒店、夜总会这些打着为毕业舞会提供专门服务旗号的地方，也跟着赚钱。在毕业舞会前后，他们会提供浪漫情侣毕业套餐、情侣特价房之类的服务。一些星级大酒店甚至很早就找到负责筹备毕业舞会的老师，为学生提供包层的服务——在毕业舞会那天晚上，酒店把整层楼包给这所学校，让所有的学生情侣都住在同一层的房间里面，还有特价优惠……各种青少年杂志也会用大量的篇幅介绍最新、最潮的毕业舞会资讯，同时狠狠地赚一笔。

高中毕业舞会并不是只有十二年级（毕业班）的学生可以参加，十一年级的学生或者已经毕业的学生也可以参加。

对美国的高中生来说，毕业舞会绝对是他们一生中最难忘的经历。他们在舞会上会跟自己的男（女）朋友共舞，拍下难忘的合照，在舞会后还会一同到豪华的酒店“共度良宵”，庆祝自己成年。

每年这个时间，也是家长们最担心的时候：这些高中生毕竟还是孩子，花钱打扮、参加舞会还是小事，最让家长们担心的是他们参加了这个“成人礼”以后会做什么。毕业舞会上经常有毒品和酒精饮料出现。高中生们为了表现自己的成人气概，会在毕业舞会上酗酒和吸毒。假如在酗酒以后开车，还可能出现车毁人亡的悲剧。女孩子的家长则担心舞会以后的“一夜情”。

按照传统，高中毕业舞会必须是男生带着女生一起出席，学生假如到了高中毕业时还没有男朋友或者女朋友，就会被其他人看不起，因为“没有能耐”的人才会到了高中毕业还没有谈恋爱。这是最让来自中国的移民孩子感到头疼的事情。在国内，年纪这么小就谈恋爱是“早恋”，人们对待“早恋”就像对待洪水猛兽。无论是男生还是女生，都没有约会、谈恋爱的经验，很多学生也不打算在高中阶段谈恋爱。但是，毕业舞会却好像是对没有谈恋爱的人的一种惩罚。所以，很多移民孩子只好带自己的亲戚，比如表哥、表妹之类的去参加毕业舞会，以蒙混过关。不过，像雅诗这样的超人气女生，大家都知道她的男朋友是谁，假如在毕业舞会的时候她的男朋友不跟她一起出席的话，那可是要被人议论一辈子的大新闻。因此，雅诗才那么着急地来找我商量该怎么办。

“彼得在暗恋你，你知道吗？”每年过情人节的时候，我都会让学生做一个作业，给明恋或者暗恋的对象写一封情信。这封信当然不会送到当事人的手里，不过，我通过这封信掌握了很多资料。

“真的吗？我不知道呀！”雅诗的脸红了。

“我让彼得邀请你，你会接受吗？”

“无所谓啦！反正我们都知道，不过是参加毕业舞会而已，又不是给对方承诺什么。”雅诗毕竟是谈过恋爱的，在处理男女关系方面好像还挺成熟的。听到有解决的办法，她高兴极了。

毕业舞会以后，彼得成了超人气男生，因为其貌不扬的他竟然约到了一个校花跟他一起出席舞会。而雅诗的父母也非常欣慰地看到，舞会一结束，彬彬有礼的彼得就把雅诗送回了家。

| 第二辑 |

遭遇美国教师

开学了

每年开学前夕，学校的校长和各个系的主任都要开会，讨论当年我们学校在全州统考中的成绩。学校给老师们布置的任务是学生的成绩要提高 6%。我的学生今年不知道为什么那么会考试，大概是稍微运用了一下我教他们的“出题人心理猜想法”，结果成绩竟然提高了 28%，连带把全校的标准化成绩都提高了一级。校长见人就笑，大概是被教育局局长夸了。我们则在私底下抱怨：“要是咱们州还像前几年那样有钱，这次奖金真的是跑不了。” 2000 年的时候，加州设立了全州统一考试，规定学生成绩提高超过 5% 的学校，教师员工人人有奖；成绩提高超过 20% 的，所有教师每人都能得到两万五千美元的大奖。只可惜，网络经济泡沫破灭，州政府一夜之间变成了穷光蛋，奖金就再也发不出来了。偏偏今年学生的成绩提高了 28%!

会议的另外一个议题是商量全校教师开学后的聚餐问题。每个系自告奋勇负责一个类别。往年我们都是负责酒水的，我正要说话，校长就开腔了：“你们双语系这次得负责炒面了，咱们学校今年破天荒有 56% 的学生是华人，炒面应该成为林肯高中的招牌食品！”好吧，负责招牌食品，谁叫我是华裔呢！体育系和外语系的系主任捂着嘴偷笑。校长瞪了他们一眼：“笑什么？你们带寿司！今年日本学生是怎么搞的？年年成绩最好，怎么今年退步了？”

“冤枉啊！我们是第五代日裔了，这日本学生的话题，可跟我们没有关系啊……”

全校老师聚餐是开学前最热闹的活动。经过了差不多三个月的暑假，老师们都有一肚子的话要说。“恭喜啊！”几位双语老师和我们的美女顾问，见到我就道喜。

“喜从何来？”我问。

“看到你在 K12 教育论坛上发表的文章了，还不给你道喜？”

“你们……也看 K12？”看来我以后写学校的故事得当心点儿了。

第一天上课，我发现我的中国语文荣誉班上有 40 个学生，可教室里只有 31 个座位。

“救命啊！”我打电话给副校长，“我的椅子不够！我的学生要坐在地上或者同学的膝盖上了！”

“嘻嘻……”负责校园硬件设备和后勤的副校长是个二十来岁的白人女孩儿，看上去根本就不像个领导。“你能搞定的，忘了你在文章里怎么写的了吗？”

“天啊！你什么时候学会了中文？连你也知道 K12 吗？”我问。

“嘻嘻，我看英文版的，挑战式学习嘛，克服克服困难就好了。我现在暂时没有椅子给你哦。”

“我叫学生到你的办公室里面抢了……”我有点儿着急了。

“别啊，学生桌行不？”

“你这不废话吗？早说你有连着椅子的学生桌不就结了……”

过了一会儿，我又接到了她的电话：“校工正在往你的教室搬桌子啦！放心吧，有我呢！教室里热吗？要不要……”

副校长真没说的，铁姐儿们。

放下话筒，我发现面前站着五个学生。

“怎么回事？”

“我们是来插班的……我们想上您的课，请收下我们吧！”

“等等，这违反消防条例了！这个教室最多只能容纳 35 个人啊！”

“假如您今年不收我们，明年我们就更加没有机会了，还有很多学生想上您的课啊！”

“假如您不收我们，我们今年就没有办法听作家讲座了，多可惜啊！”

他们都是我去年和前年教过的学生，因为今年高中十一年级只开一个班（往年开两个班），所以有不少学生选不上课，只好等待插班。这些学生可跟我暑假时教的学生不同，全都是最优秀的学生，中英文俱佳，我哪一个都不想拒绝。可是，我的教室坐不下这么多人啊！

怎么办呢？郁闷中……

美国的教师培训是什么样的

一个穿着连帽运动外套的矮个子，速度很快地穿过图书馆，消失在图书馆的后门。校警罗富林紧跟着跑了进来。

“请大家把刚才看到的人描述一下。”罗富林一边对全校老师说，一边分给每人一张草稿纸。而大概有一半的老师甚至没有注意到有一个人刚刚穿过图书馆。

大家讨论了一阵，罗富林让坐在一张桌子上的老师们互相说说究竟看到了什么样的人。

有人说看到的是一个年轻女人，有人说看到的是一个年轻男人，有人说是一个老太太……

这不是发生在警匪片里的片段，而是发生在我们学校教师培训日的真实场景。这节课的培训主题是如何向警方描述疑犯的样子。

1986年以后，加州就不再发终身教师执照。所有获得教师执照的教师，每隔五年都必须更新一次执照。而更新执照的申请条件中，有一条就是至少参加150个小时的培训。培训可以是自己出钱到大学去充电上课，也可以是参加校区举办的各种教师培训活动。

美国是一个热衷教育改革的国家。每隔几年就会有一个什么潮流或教育理论出现，然后就会进行相关的改革。既然出现了改革，就必须对教师进行再教育。再教育的形式，当然就是在职培训了。旧金山校区的老师每年要进行三天在职培训。这三天，学生不上课，老师们则在学校里或者到校区指定的某个地方接受各种培训。这三天是带薪的，不参加就不给钱，所以大家都会参加。另外，校区在每个学年还会拿出几天作为课后培训时间，老师们可以选择参加自己感兴趣的项目。新教师甚至还可以把参加课后培训的时间换算成能增加工资的点数。参加培训不仅能学到知识，而且工资可以提高一级，也算是一举两得的事情。

培训大致可以分成两类：一类是介绍理论及其应用的方法，另一类是传授新知识和新型教学方式。其中，新型教学方式的传授是比较受教师们欢迎的。因为，要让教师们学会一种新的教学方式，培训人一般会让教师们当一次学生，亲身体验一下这种新的教学方式在课堂上是怎么实施的。而且，通过互动和讨论，教师们甚至能想到比新的教学方式更好的点子。

大部分美国教师培训的主持人自己也是教师。因此，假如是进行一个新教育理论的培训，他们大多能把理论消化，变成立即能在日常教学中应用的实际做法，给参加培训的人不少启发。还有一些培训主持人会跟参与者分享自己在教学中的成功经验和资料，对参加培训的人也有非常大的帮助。但是，也存在专业“培训人”。他们大部分是有高学历的大学教授，手下有几个能说会道的人，整天周游“列国”，穿梭于各校区之间，专门帮助校区做“培训”工作。很多校区申请到了联邦或者州的经费，其中就包括教师培训经费，那么，这些专业培训人员就正好对口了。这些专业培训人员通常没有什么课堂教学经验，对这些新理论的来龙去脉也一知半解，但校区因为拿了政府的钱，必须请人来培训，结果造成教师们被迫听这些人的废话，最后什么都学不到。幸好，这样的情况不太多。

几年前，加州的经济状况比较好，参加教师培训其实是教师在繁忙的教学中喘口气、进行联谊的机会。很多老教师工资已经到顶了，不需要靠参加培训增加工资，而且他们工作了很多年，轻易不会被炒鱿鱼，因此没有什么兴趣学习新东西，对他们来说，参加培训就是混一天的工资而已。我参加过一次培训，地点是学校在风景非常优美的一个小岛租的会议厅，在那里能看见海湾美丽的风景、背后的青山和隐在山后的别墅。早上会议厅供应自助早餐，大家见面以后喝咖啡、果汁，吃松饼、炸甜圈、水果，聊天。差不多九点，培训才开始。美国的教师培训很少是一个教员在上面拼命讲几个小时的，通常会组织很多以小组为单位的教学活动。在小组合作的时候，大家又可以聊天，然后由组里面的“老运动员”把作业交上去。据“老运动员”们说，几十年来教师培训的内容都差不多，理论换了一个又一个，但换汤不换药。因此，他们在培训中通常都能应付自如。

热闹了一个小时左右，课间休息。大家都跑到外面去欣赏风景，重新开始的时候，有一大帮人都不见了。不过，当午餐的铁盘子搬上来，传出阵阵香气的时候，消失的人一个个都会自动回来入座的。

午餐当然是免费的。主食通常是意大利面，还有红焖鸡腿、香草牛肉、蔬菜沙拉、水果沙拉以及各种甜品蛋糕。大家吃得昏昏沉沉的，下午的培训究竟说了些什么，都没有印象了。主持人也非常识趣，下午通常不会组织什么小组活动，而是放个录像，然后再催眠似的讲讲，一半人都在半醒半睡中度过……“无惊无险又一天！工资到手啦！呵呵。”一位“老运动员”伸伸懒腰，一天的培训就这样结束了。

“开会啦！”

早上刚到学校，就看见签名柜台上摆着一个小纸板通知夹，上面写着“为了能让大家集中精力批改试卷，今天下午的教职员工大会取消。”

签完到的老师们一个个都春风满面：“今天不开会！”“校长万岁！”

在美国当老师，每天工作多长时间，就拿多少钱。所以，大部分老师下课铃一响，就没有人影了。除非在教师工会和教育局签署的合约中规定了老师要履行某些义务，否则，几乎没有人愿意在下班时间付出自己的劳动（如批改作业、家访、辅导学生自修、做“科研”、参加“培训”等）。而开会则是合约中规定的老师必须履行的义务。

我之前教书的初中，学生成绩不怎么样。政府给了很多钱来重组改进，因此，开会是家常便饭，经常一个星期开几次会，有全校教职员工的大会，有管理委员会的中会，也有同一年级教师集体备课的小会。

在美国公立学校，假如一个星期要开几次教师大会的话，大概只有一次是比较有意义的。在这次大会上，校长会传达从教育局的校长会议上听来的信息，公布一些事项，让全校教师表决一些需要大家决策的事情；然后，学生活动的负责人、工会代表、教师活动代表和体育运动主任各自宣布一些关系到全校师生的大活动，会议基本上就结束了。假如还要开会的话，只会做一些没有意义的事情：

“诸位，今天会议的议题主要是学习总统关于教育改革的新指示。”校长喊了一嗓子，可是，下面的老师们还在自顾自地聊天。

校长请嗓门最大的英语老师很快念完了指示，然后，再请很会组织活动的历史老师解释活动的内容：

“现在我手上有一副扑克牌，请每人抽一张，抽到同一个花色的就分在一个小组。第一组的任务是说说你们是怎么理解新指示的。第二组的任务是讨论一下，根据总统的新指示，我们学校在哪些方面还可以做得更好。第三组的任务是说说这个最新的指示对咱们学校的方针有哪些指导作用。第四组的任务是设计一个能体现总统最新教育改革指示的教学活动和公开课。时间是半个小时，半个小时以后，各组做报告！”

老师们开始排队抽扑克牌。刚才没有仔细听的老师忙着跟旁边的人打听：“排队干吗呢？”

“谁知道哇？”

“抽扑克牌呢。”

“分奖金？根据点数还是花式分？我多抽几张行不？”

“说哪儿去了？要分组讨论总统的指示！”

“前天不是讨论过了吗？”

“这回是新指示。”

“总统到底有没有说啊？这么快就有新的了？”

“说了！就在国情咨文里。”

大家发现校长和副校长向门口走去。“哎呀，校长，你们在哪个组啊？”大家一顿乱喊。

“呵呵，我们哪个组都不是。”他们亮出手中的牌，原来是大王和小王。

我现在所在的林肯高中因为成绩比较好，不需要经常开会。校长规定一个月开两次全校员工大会，两次全系员工大会。学校的工会主任跟校长交涉，希望把开会的时间安排在工作时间。校长从善如流，决定每星期开会的那天，将学生上课的时间缩短，让学生提早放学，然后老师们再开会。大家自然皆大欢喜。

我刚到林肯中学工作就当系主任。系主任必须主持全系教师的会议。我在初中的时候经常开会，对开会相当不感冒。所以，第一次主持会议，我只传达了校长的讲话精神，问问大家是否有什么问题，就散会了。前后不到十五分钟。

第二天，校长把我找过去："听你们系的老师说，你主持的会议短小精干有效率，好得很啊！看来他们很喜欢你！"

"我……是否以后要开长点儿的会？"

"哈哈，就这样挺好！上一任的系主任总是喜欢开长会，一个小问题翻来覆去地讨论，没完没了，大家讨厌死了。现在你做得很好，短小，有效率！就这样做。"

想不到，校长也喜欢短会。

不仅老师要开会，家长也要开会。美国的高中没有像国内那样的家长会，他们会把成绩单往学生家里寄。但是，如果学校参与了联邦和州的补助金计划，得到了额外的政府补助，或为英语能力不佳的学生提供了额外的教育服务，学校就必须开额外的会了。政府规定，领取这笔补助金的学生家长必须参与学校管理，并且提出如何使用补助金的建议。假如学校没有办法证明家长定期开会讨论这方面的教育问题，不仅该学校再也拿不到政府补助金，甚至整个校区都有可能失去政府补助。但问题是，英语能力不佳的学生，他们的家长大部分是新移民，对美国的教育制度一窍不通，也不懂英语，哪里会提什么建议？所以，要动员这些家长来参加每两个月一次的所谓"家长咨询会议”，并不太容易。学校平时得跟家长拉关系、套近乎，还得答应给他们的孩子加“家长参与教育”分，才能动员这些家长来开会。

从前在初中教书的时候，新移民家长全是拉丁美洲人，我不会说西班牙语，交流都成问题，更别说套近乎了。林肯高中的新移民家长基本上都是中国人，套近乎比较方便。但是，想让中国人来开会也并不容易。在国内，大概学校一说开家长会，大家都会参加。可是到了国外，人人都说工作忙，都不愿意来。我的做法是到了开会的那天晚上，在学校订个中式自助餐，让参加会议的人边说边吃。这样做还真的吸引了一些家长参加。每次州政府来校区检查，教育局的副局长就往我们学校跑，因为在所有学校里面我们学校家长会的会议记录是最完整的。

美国的公立学校是如何考核教师的

美国很多学校从小学二年级开始就要参加全州的统考了。在加州，小学和初中主要考英语和数学，高中还要考生物、物理、化学、天文、地理、地质、气象、世界历史、美国历史、代数、几何、高等代数、三角函数、微积分、解析几何、经济学、美国民主政治等科目。全州的学生每年都要参加一次统考，再按照统考的成绩全州排名次，然后在社会上的媒体，如报纸、电视等，公布出来。前几年，加州还根据排名给名次靠前的学校或者进步大的学校发奖金。

目前在加州，校长每两年到老师教室听一堂课，按照对那堂课的印象给出优、良、中、差、不及格几个等级。假如教师连续两次拿到不及格，校长就会要求教育局派人来连续听那位老师十天的课；如果仍然是不及格，校长就会要求州教育厅的专家来听十天课；还是不及格的话，就要在法院召开公听会，由法官判决是否让那位老师继续教书。我认识一个教书教得非常非常差的老师，已经到了要州教育厅的专家来听她的课的地步。结果专家听了她的课以后说，这辈子从来没有听过这么优秀的课。于是，这个老师就从“不及格”变成了“优秀”。

美国教师的待遇差别很大，从年薪两万多到年薪十万美元都有，因为教师的工资是由各州、各地方的教育董事会跟教师工会协商制定出来的。旧金山地区的教师起薪是年薪五万多美元，一年工作180天，每天工作六个小时，每年会涨一级工资。旧金山地区的电脑工程师起薪是年薪十七万美元，但一年工作三百多天，每天工作八个小时以上。假如不买房子的话，五万多美元的年薪算不错的收入了，因为买一辆新车才两万美元左右。但是要买房子就不行了，旧金山一栋房子的平均价格是一百一十万美元。目前，美国的公立学校教师不评职称，也没有任何奖金。

那么，教师的权利是通过什么制度来保证呢？教师工会跟校区教育董事会签署的教师合同可以保证教师的权利。教师合同规定了教师每天工作的时间、工资等，出现任何问题都交法院解决，绝对不会出现校长要求教师利用晚上的时间给学生补课、在假期无偿辅导学生之类的现象。学校更加不会克扣教师的工资，因为美国的公立教育系统是用纳税人的钱来养学校，学校的一切，从人事到财政，都是由社会大众共同监管的，不是由校长或者教育局局长说了算。另外，在美国，教师工会是一个完全代表教师的、非常强大的政治组织。它代表教师跟资方（教育局或教育董事会）谈判，争取教师的合理工资、福利和工作条件等，双方要是谈不拢，要么交法院处理，要么教师会组织罢工。在美国，学校如果要开除一位教师，一定得经过工会和校区的协商，最后还要经过法院的听证会等一系列程序。

在美国，教师入行、转行与换单位都是自由的。

在美国，做教师跟做医生、律师、会计师、药剂师一样，需要取得专业执照。具有专业执照的教师，到了任何地方，只要出示执照就可以申请执照规定可以教的科目的教职。如果教师要转行，辞职就行了，当然也是自由的。换单位理论上也是自由的。但是，换单位要看想去的学校是否有空缺。比如，林肯高中是全旧金山的高中老师都想去的单位。但是，假如林肯高中没有职位空缺，谁也来不了。假如只有一个职位空缺，却有十个老师想来工作，该怎么办呢？从理论上来说，谁的年资长，谁就有优先权。不过，在现实中，一般是谁跟校长有私人关系，或者在教育局有关系、有后门，谁就有优先权。

大家可能会问，走后门的现象工会难道不管吗？还有，对教师教学情况的评定都是一个人说了算，这是人治还是法治呢？

其实，走后门都是很隐秘的，工会管不了。通常情况下，职位空缺根本不公开，私底下就完成调职了，这样工会根本就没有理由管。另外，校长可以把对一个空缺职位的要求说得只有他认识的那个人才有资格申请。对教师教学情况的评定虽然是一个人说了算，但教师若对结果感到不满意，是可以申诉的，教育局必须派公正的听课组（由工会代表、校区官员代表和校区资深教师代表组成）重新听一次课，做出公正的评估；假如教师仍然对结果不满意，州教育部会派出更公正的听课组来听课；假如教师还是对结果不满意，法院会指定大陪审团的专家组启动法律程序来调查，看看究竟是教师对还是评估他的人对。所以，在评估老师这件事上，完全是法治。我在美国教育界待这么久，从来没有听说过校长胡乱评估老师的。

在美国，教师在社会上的地位算是比较低的，很多人都认为只有读书读得不好的人才去当教师。在网络经济泡沫破灭之后，突然有很多人想当数学教师，因为那些电脑工程师一夜之间失业了，找不到工作，只好去当老师。

美国公立中小学的教师为什么不爱看教育杂志

每年到了订阅国内杂志的时候，我都会收到中国图书进出口（集团）总公司的国内杂志海外订购目录。我对琳琅满目的教育杂志条目感到十分吃惊。在国内，同一个科目可以有十几种甚至几十种不同的杂志！这让我不禁想到美国公立中小学的老师，我从来没有见过一个老师看教学杂志。我们学校的图书馆里有一百多万册藏书，全美的杂志几乎都订阅了，唯独没有教育杂志。为什么美国的老师不看教学杂志呢？我猜测有以下几个原因。

第一，美国没有像中国那样的高考，因此，老师没有下面这些需要：①了解考试信息。②钻研考题。③思考如何才能提高学生的考试成绩。④获得大量的练习题和考试辅导资料。

第二，美国公立中小学的老师使用的课本，并不是一本薄薄的书，而是跟所教科目有关系的所有材料的集合。比如，我教的是生物学科，学校发给我的教师材料要用一个超大的箱子来装，小轿车的后座绝对放不下。箱子里除了学生课本、老师用的课本以外，还有一个学年每天的教案，所有的幻灯片、课件、练习、测验、考试题，所有的学生实验题、实验资料，每一个课题的背景资料，CD、DVD、录像带，给老师做实验的材料和仪器，所有练习的答案，建议学生做的研究项目，所有的课程标准，等等。

因此，老师根本就不会有任何专业上的问题需要在教学杂志中寻找答案或者灵感。光是这些东西，就够研究一年半载的了。而且，很多东西还要定期更新，课本更是每一两年就换新版。

第三，美国人讲究享受生活。要是下了班还用上班时的那些东西来烦自己，又没有人发工资，这不是有病吗？

第四，美国中小学老师的任务就是教书。教研活动是大学教师做的，中小学老师不想做，也不会做。既然美国公立中小学的老师不需要评什么职称，也不需要写什么论文，看什么教学杂志？

第五，美国老师的工资比较低，没有那个闲钱订教学杂志。不说别的，我现在订的《美国教育家》杂志，每个月要67美元，国内的杂志有那么贵吗？我订了一本国内的《中学语文教学》，一年才四十多美元！

最后，我决定调查一下，为什么美国公立学校的老师不爱看教学杂志。我先在我认识的二十几位中学老师里面做了初步的调查，然后，又在一些研讨会上，借闲聊的机会，调查了十几个来自全国各地的公立学校中小学老师。不出我所料，在我调查的这些老师中，除了两三位在工会工作的老师知道工会的会刊外，没有一位老师看教学杂志，也没有一个人知道目前美国有多少种关于中小学教育的杂志。

"你们为什么不看教学杂志？"我问。

"我们为什么要看呢？"他们反问。

确实，即使你把杂志送到这些老师手上，他们也未必会看。在美国，大部分跟中小学教育有关的杂志都是各大学或者是专业协会出的专业期刊，它们基本上是专家、研究人员、博士后等发表课堂研究成果或者教育专业研究论文的地方。就拿美国数学教师协会的期刊来说，它标榜自己是专门讨论中小学数学课程、教学方式和解题要诀的，对数学教师来说应该是最实用的。可是，杂志中除了"每日一题"栏目比较有用以外，其他的栏目要么是一些比较高深的研究论文，要么是政策方面的争论，再不就是某位专家大肆吹捧某个课程，老师们根本不感兴趣。

美国的公立中小学老师对本地区以外的教育不感兴趣，这也是他们不爱看教学杂志的原因之一。绝大部分非华裔的美国教师不了解中国、日本等亚洲国家的中小学教育情况，他们也不想了解。他们甚至连发生在美国其他地区的教育事件都不感兴趣，除非这些事情跟他们的切身利益有关。比如，美国一些地方实行了“票据制度”，大部分老师都知道，因为这跟他们的饭碗有关。中国很多老师都知道的华德福教育，美国大部分老师都没有听说过。这些年中国一直在进行教育改革，很多中国老师开口就是杜威，闭口就是构建主义、后现代主义……把美国教育家和教育哲学的名字说得比顺口溜还溜。而美国老师呢？很多人根本不知道杜威是谁。

系主任的一天

清晨六点多，天还没有亮，我的四驱运动型私家车的头灯射出两道耀眼的光柱，静静地滑进了学校南门的系主任专用车位。青年后备军官训练团的系主任——鲍威尔团长永远比我先到。他的凌志轿车六点半就已经停在车位上了。不过，最早到的是我们的校长，他每天早上五点半就把学校的门全打开了。那辆躲在远处的黑色大奔驰，就是校长的。

我踏着残霜，呼吸着早晨带着太平洋海雾的清新空气，提着一个大文件箱，走向主教学楼——我的一天开始了。

一

我走进双语系的办公室。前一天大概有老师在办公室里复印，纸摊得到处都是，我得收拾残局。我检查了一下复印机，一切正常。我打开几包纸，放进机器里。然后，我来到座位前，电脑看见我的样子自动开启。我扫了扫地，打开窗，然后收电子邮件、回信。

电话响了，是一个英语老师打来的。他突然生病了，已经请假了，但是，他的代课老师大概还没有拿到他的教案，无法教书，所以，他想在电话里口述他的教案，让我拿给学校的秘书，传给代课老师。

案头还有一大堆事情等着我处理：学生的跳级申请信、等着付钱的账单、校长的通知、教育局的通知，还有我收上来的学生作业。

还没有开始看案头的东西，黄老师就走了进来。黄老师来自台湾，是我们学校的一位汉语老师，也是一位作家和画家。

“方老师，我们过节的橱窗是怎么回事？”

“是这样的，在农历新年期间，学校那个大橱窗会留给我们布置，我们有两个星期的使用时间，然后就该轮到黑人历史月的展览了。时间非常紧，你们能准时布置好吗？”我说。几乎每年的农历新年都在二月份左右，而黑人历史月也在二月，他们也要展览，所以时间非常紧张。

“我跟余老师她们商量一下，应该没有问题。”

我非常信任这几位中文老师，她们每年都把橱窗布置得非常漂亮，橱窗里摆的都是她们在课堂上教学生做的东西。黄老师教学生们写毛笔字、画国画、做中国传统的过年食品，还有各种京剧脸谱。余老师是剪纸和折纸的高手，她带领学生们用五颜六色的剪纸折出各种小动物和人物。叶老师擅长设计，指导学生把要展出的东西摆的摆、吊的吊、贴的贴，弄得非常精致，每年都不同。我的中国语文课不做这些东西，因为我的学生水平比较高，他们喜欢比较有挑战性的任务。我让他们准备春联，写跟春节有关的诗，研究新年运程，并在除夕前一天出一份“报刊”，分发给全校的老师看。

我们刚刚商量完橱窗的布置安排，第一节课的上课铃声就响了，同时，我的秘书奥迦太太也伴着铃声一阵风似的撞了进来。奥迦太太是墨西哥裔，快六十岁了，已经在学校做了几十年。她本来是负责管理我们系的课本、教学用具以及学生档案的，但是，因为教育预算一年比一年少，我们请不起助教，因此，她也必须到教室里面去当助教，帮助任课教师辅导学生。第一节和第二节课她要去帮两位英语老师，因为他们的班上有几个完全不懂英文的新移民，她要教这几个学生一点儿应急的日常用语。她一边道歉说因为交通堵塞迟到了，一边脱了大衣，风风火火地赶往教室。

助教是美国学校教师正式编制中的一员，除此之外，我们还有编外的学生助教。美国的高中实行学分制，“学生助教课”是一门选修课。学生助教的工作是帮助老师准备教具、打字、统计成绩等，好的助教可以为老师节省不少时间。这个学期，校长规定每个老师只能要两名学生助教，因为我是系主任，要处理的文件很多，所以我可以要四名。第一节课就有一个学生助教来帮我。

助教婷婷走了进来，她是十一年级的华裔学生，虽然在美国出生长大，但是中文跟中国的学生一样好。她递给我一个炸甜圈，说请我吃早餐，之后就蹦蹦跳跳地跑到电脑前面开始打字，做她昨天没有完成的工作。

我打开会计软件。学校没有财务科或会计科，每个系的主任同时要负责管理全系的预算。州政府每年会给英语能力不足（通常是移民学生，也被称为“英语学习者”或“英语为第二语言学生”）的学生额外拨款，每个学生有一百多到两百多美元，我们全校有四五百个这样的学生，每年就有十几万美元的资金拨到学校来，成为我们系的预算。我们可以用这笔钱为这些学生提供额外的教育服务，比如购买书本、软件、教具、电脑，甚至请助教或教师等。每一分钱用在了什么地方都必须有详细的会计记录和单据证明，这些单据证明可以随时供社会上的人审核，这是美国公立学校财政制度的特色。如果有老师要买书，必须先由我填好申请，然后把申请交副校长签字批准，拿到一个批准购买的号码，才可以购买。买到以后，老师要把收据交给我，然后我在电脑里做相应的记录，填好相关表格，给校长签名，然后送到校区的相关部门盖章，就可以给这个老师报销用的支票了。校区的财政状况不是太好，有时候会突然冻结所有资金，因此，只要有钱，我们就必须赶快把它用完。所以，账户里有钱时我每天都有很多单据要处理，当账户快没钱的时候，我必须告诉所有老师，让他们停止申请购买教学用品。

我在电脑前面忙了一节课，老师们进进出出，印他们给学生做功课用的工作纸。快下课时，婷婷向我交代了一下她做到了什么地方，有哪些事是需要下一位助教做的，然后就把我的咖啡壶拿去灌水，开动咖啡机，最后背上书包，去上下一节课了。

二

听见铃声我才想起来，今天是系主任工作会议时间。每天的第二节课，全校的十个系主任都不用上课，除了每星期要参加一次工作会议外，其他时间用来处理系里面的相关事务。我赶快把笔记本电脑拿出来，赶到会议室。

会议桌上照例摆满了炸甜圈、松饼和各种水果，咖啡机飘出咖啡的香味。系主任们已经三三两两地一边喝咖啡，一边聊天吃东西，等校长来。

今天，来自旧金山教育基金会的代表也来参加会议。她说，教育基金会准备拿出一笔钱，在旧金山市内的高中做一个研究，研究究竟有哪些办法能留住好老师，提高学生的教育水平。听完她的话，系主任们议论纷纷。实用艺术系的主任说："波士顿校区给老师们买房子，你说谁更能留住好老师？"

大家都笑了起来。旧金山的房价每年三级跳，现在市场上已经没有低于七十万美元的房子了，谁能出得起钱给老师买房子？

科学系的主任说："咱们林肯高中好像没有留不住好老师的问题，这个研究也许应该到别的高中去做。"

“我们也想知道，为什么像你们这样的高中能成为大家都想来的学校啊！”基金会的代表说。

会议的下一个议题，是校长向我们报告我们学校申请“加州优秀学校”的进展。“加州优秀学校”是加州公立学校的最高荣誉，只有前 5% 的公立学校能获此殊荣。这项荣誉称号的有效期是六年，学生统考的成绩占了评分标准中很大比重。五年前我们得到了这个称号，明年我们又要争取了。校长说，今年全市入围的高中只有三所，包括林肯高中、洛威尔高中和加理略高中。另外一所成绩一向很好的华盛顿高中居然在预选时就落马了。大家知道我们这次获选的希望非常大，都非常兴奋，因为我们不能像洛威尔高中那样按照学生的入学成绩来选拔学生，我们的学生水平良莠不齐，能取得今天的成绩非常难得。

会议一结束，我就立刻奔回办公室，因为第三节课我要去上课。

三

第三节是生物课，全英班，学生比较调皮。这节课我要帮他们复习明天小考的基因工程原理。

“PSC101 这个质粒上面有一个抗四环素基因，它有什么用？”

只有两个同学举手，班上一个越南裔的学生在睡觉；一个俄罗斯裔的学生在盯着自己的指甲，好像发现了外星生物；另外一个很高大的俄罗斯裔女生，则忙着给自己的脸擦粉；莫西，一个拉丁裔学生，是学校“天才儿童计划”的一员，据说智商比绝大多数同龄人都要高，手里拿着一支笔不停地转，对着空荡荡的桌子傻笑。

“莫西，你说一下。”

“说什么？”莫西如梦初醒。

全班都笑了起来。“莫西，你不是天才吗？怎么老像白痴一样？”他对面的一个男生大声笑道。这个男生是“特殊教育计划”的一员，据说智力有点儿问题，不过，他在课堂上却表现得十分聪明。

电话铃响了。

“你好，我是精确电子公司信用部的依莎蓓拉，想问一下……”话筒那边传来一个娇滴滴的少女声音。我早跟学校前台打过招呼，我上课的时候不要转其他公司的电话到我的教室，这次大概是他们的学生助教干的。

“对不起，我在上课，有什么事情请两个小时以后再打过来好吗？”

我刚把电话放下，铃声又响了：“我是依莎蓓拉，对不起，我只想问问，为什么贵校两个月前的账单到现在还没有付呢？”

我当然知道是怎么回事。“喂，小姐！我让贵公司把账单寄给我，你们寄给谁了？我没有收到账单，怎么付钱给你们？”

“账单不是应该寄给校区会计部吗？您是会计吗？”

“我不是会计，不过，你不把账单寄给我，你们永远都拿不到钱，你看着办吧！”我有点儿生气了。

难以想象私人企业也会有这么死脑筋的人。

学生们早吵成一锅粥了，那个刚才睡着了的越南裔学生放声大笑：“方先生，你借高利贷了？追钱追到学校来了？”

“去你的！不要吵了！继续上课！”他一听到这话，马上把头埋到双手中间，继续睡觉了。

熙熙攘攘地吵了一节课，学生们终于成功地用代表限制酶的剪刀切开了代表青蛙基因的碱基序列，然后将碱基序列整合进了代表质粒的纸环中，并且给碱基序列配了对。

刚布置完作业准备下课，电话铃又响了：“方老师，有个叫亚伦德龙的学生说他现在上的英语课程度太浅了，你给看看好吗？”原来是十年级的顾问。顾问负责给学生安排课表，但是我们双语系的学生该上什么程度的英语课，却是由我决定的。

“叫他中午来，我在上课呢。”我心想，这顾问也真是的，我上课的时候没有学生名单，我怎么记得那么多人，又如何知道哪一个学生的英语程度是怎样的呢？

铃声一响，我就以比学生还快的速度跑回办公室，拿起学生的作业和我的课本，在挤满了学生的走廊挤出一条路，赶到我上第四节课的教室。

四

在美国的高中，学生可以用课间休息时间到上下一节课的教室。老师则通常是待在教室里，等学生来上课——学生走，老师不动。我们学校在 1940 年建成的时候，设计容纳 1800 个学生。不过，目前我们每年的学生数都超过 2500 人，因此，不仅在下课的时候走廊超级拥挤，而且很多老师无法拥有自己的教室，也得像学生一样，从一间教室“旅行”到另外一间教室来上课——我就是其中一员。

第四节课是中国语文荣誉课，40 个学生把只能容纳 31 人的教室挤得满满当当。不过，学生们的纪律非常好。这些学生都是精英，有资格上这门课的全都是有实力上好大学的成绩好的学生。我们这节课要讨论辜鸿铭的《归国留学生与文学革命——读写能力和教育》中的逻辑错误。

“天啊，辜鸿铭的这篇文章中到处都是逻辑错误！”

“好像他写这篇文章就是为了示范各种逻辑错误……嘻嘻……”

分析告一段落以后，我们专门讨论了电视广告中犯的逻辑错误：有哪些广告是请著名的歌星或者影星做的？他们是最能代表广告里面的产品的人吗？

然后，我们一起完成工作纸上的内容：

根据提示完成下面的表格，看看辜鸿铭的这篇反驳性的议论文是否满足同类议论文的要求。

议论文段落	要　求	课文中的第几段	内容是什么
开头引入段	介绍背景资料并提出个人意见或者论点		
选择立场段	明确提出自己支持哪一种看法		
分析对方段	分析对方的论点对在哪里，不足的地方在哪里		
收集证据段	收集并列举出有利于自己的论点的证据		
论证反驳段	使用推理法或者归纳法论证自己的论点，反驳对方的论点		
结尾总结段	总结前文，重申自己的论点		

五

第四节课下课后是午餐时间。有资格领取免费午餐的学生拥到楼下的餐厅排队领午餐；自己带午餐的学生三五成群地坐到餐厅里或者学校的院子里，边吃边谈；还有很多学生开车到附近的小吃店或者餐馆吃午餐。我们学校是全旧金山公立高中里唯一一所午餐时间开放校门、让学生随便进出的学校。

我把头天晚上装好的饭盒放进微波炉，刚热好开始吃，学生们就进来了：有交表的，有问作业的，有补交作业的，有希望跳级的……几个学生编辑则抓紧时间在我的办公室里开了个小会，他们想跟中国的学生联络，一起做一个新年活动……饭菜的香味和学生们的欢笑声混合在一起，都分不清究竟是什么味道了。

第五节课是双语系主任的备课时间。我要在这节课集中处理跟双语计划有关的一切文件和问题。另外一个学生助教来到我的办公室，我让她检查所有双语系学生的材料，用彩色笔把可以重新划分的学生的名字画出来。加州法律规定，被划分为“英语能力不足”的学生假如在全州的统考中英语分数达到325分，就有资格“重新划分”。也就是说，这个学生可以跟在美国出生的学生一起上所有的课，而不需要上特别为移民学生设置的课程了。

趁这个机会，我又给文具公司、电器公司、教育器材公司、图书公司一一打电话，解决购买、送货或者是账单方面的问题，又抽空跟一个图书公司的营业代表谈了一下价格，希望他们支持教育，不要涨价涨得太厉害，毕竟我们要向他们购买两百多本课本呢。

第六节课是我的教师备课时间，我终于可以放松一下了。这时我突然想起来，我还没有看过信箱呢！我直扑学校主办公室，在我的信箱里面拖出一沓信。半路上，还被外语系的系主任拉住了：“方先生，下星期校区关于中文课程的讨论会，还是你去好了。”

“你可是外语系主任啊，你不去，怎么知道校区要我们做什么？”我有点儿奇怪。

“我只懂日文，不懂中文，只有你才能给我们争取点儿权益回来……”

回到办公室，沏上杯茶，看看表，又快下课了。我得赶在下课前把双语咨询委员会的开会通知翻译好，假如不及时寄出的话，就赶不上这个月底开的家长会了。

第七节课是双语计划的生物课。我把中英文生物课本准备好，带上校区规定使用的英文生物学课本，把实验材料装在推车上，打起精神，向最后一节课的教室走去。

双语班的学生乖多了，没有全英班的学生那么多纪律问题。我们可以用很多时间来讨论很复杂的问题，然后还有充裕的时间研究如何做作业。

3 点 35 分，下课铃响了。下课后，班上一群女孩子吵着要跟我合影，说要试试她们的新数码相机。等我走出大楼的时候，学校运动队的运动员们已经背着他们的包，到各个运动场地训练或者比赛了。

爬上我的四驱车，发动汽车，马季和唐杰忠的相声响了起来……

四驱车加速开出南门，门口，头发花白的校长一手提着油漆桶，一手拿着一把大油漆刷，蹒跚地向后门走去，大概又到运动场后面粉刷学生的涂鸦了。他不到晚上 10 点，是不会回家的。而我，则朝市场的方向开去，系主任忙碌的一天到此结束，家庭厨师的工作即将开始。

我在美国教鲁迅的小说单元

我们十年级上学期的中国语文课本里有鲁迅的小说单元，包括《孔乙己》《社戏》和《故乡》三篇文章。

我的学生对鲁迅并不陌生。他们在九年级上学期的时候，就在记叙文单元学习了鲁迅的《一件小事》。

在美国教语文，教师们非常重视让学生尽量了解作者和作者所处的时代，这样对学生理解作品帮助很大。高中阶段的课程也都是把历史和语文结合在一起安排的。比如，高一时学生在英语课上学习《世界文学》，他们的历史课就会学习《世界历史》；高三时英语课学习《美国文学》，历史课就学习《美国历史》。这样，学生们就可以相互对照，对于当时的社会和文学作品都有更深的了解。中国语文课没有那么好的条件，就只好尽量把同一个时代的作家和作品放在一起，让学生集中去学。比如，高二时学生接触的就是从 1911 年到 1949 年的中国作家和作品。

在上这几课之前，我通常会给学生放一个由台湾人制作的鲁迅纪录片。这部片子是摄制组按照鲁迅的生平足迹，到鲁迅生活和工作过的地方实地拍摄的，既有学术性，又有娱乐性。

在对作者和时代有了更深入的理解以后，我们就开始学习课文了。我们是采用“发现式学习法”来学习这个单元的。“发现式学习法”是学生们在小组里用交叉阅读的方法阅读文章，也就是每个小组成员阅读文章的一部分，然后在小组里面综合全文，理解内容。之后，学生跟老师分享阅读的感受，然后提出他们的问题。老师从中挑选几个有趣的问题，全班进行头脑风暴，看看如何解决这些问题，以及如何用小论文的形式写出来。最后，大家的作业就是按照课堂上讨论过的方法，挑选一个在小组或者课堂讨论中形成的问题进行研究，每人写一篇论文。

我发现，对于语文学习来说，充分自由的学术环境和学生的多元背景真的非常重要。这几篇课文我教了很多年，每年都有一些让我惊喜的课堂讨论以及质量非常高的小论文产生。最让我感到高兴的是，虽然我们没有做传统式的字、词、句、段的精细分析，但学生们对该懂的东西一点儿都没有落下。

我在这里跟大家分享几份颇有特色的学生作业，我基本没有修改他们的文字，以尽量反映他们的语言特色。

1．问题：在《社戏》中，为什么“我”在过去二十年中，只看过两回中国戏，“前十年是绝不看”，而后十年“没有看出什么来就走了”？

发现：鲁迅用“戏”来代表国家政治。“前十年”还处在清朝，他根本没有机会参加国家政治，所以“绝不看”。而后十年，鲁迅曾经在北洋政府当过小职员，他看到了政府里的腐败和军阀混战，这跟他讨厌的戏台没有什么两样。即使是当一个“看戏”的人，都“没有看出什么”，就只好走了。整篇小说其实是反映了“我”对旧政治和旧传统的厌恶以及对中国未来清明政治的憧憬。

2．问题:《孔乙己》里面的“短衣帮”和“长衣帮”有什么特别的含义？

发现：作者用衣服的长短来代表地位。衣服越长，占有的社会利益和传统就越多。然而，衣服仅仅是一个形式，假如相信形式可以代表实质的话（没有穿长衣的资格却非要穿），就会陷入像孔乙己那样的悲剧中。

3. 问题：鲁迅为什么不喜欢农村里的成年人？他为什么又喜欢农村小孩儿？

发现：在鲁迅的笔下，农村里成年人的形象几乎没有正面的，不是反面人物就是悲惨的正面人物——其实跟反面人物也差不多了。但是，农村小孩儿就不同了，他们会钓鱼、会放牛、会划船、会偷豆、会看瓜，足智多谋，都是非常正面的形象。为什么会这样呢？因为作者把希望都寄托在青年一代身上。

4. 问题：鲁迅在《社戏》里面描写的故乡色调是非常活泼正面的，为什么在《故乡》里面描写的故乡却如此灰暗？

发现：《社戏》里面的故乡反映了作者对理想社会的向往，但《故乡》里面的故乡则反映了作者对当前社会的不满。

无论是“研究性学习”“发现式学习”还是“挑战性学习”，都离不开下面几个因素：

第一，学生必须具有非常坚实的基础和技能。假如我的学生连这几篇课文的字词都不认识，根本就无法进行这样的学习。

第二，老师必须接受过这种教学法的专门训练，同时随时承认自己的不足，这样才能在以学生为主体的学习活动中得到学生的信任，达到教学相长的目的。

第三，必须尊重学术自由。校长从来不干涉我在上课的时候怎样安排课程，使用何种教学法，更加不会因为我没有把“标准答案”告诉学生而批评我。同样，学生的各种观点，只要言之有理，有足够的证据支持，即使是错的，也不会被扣分。

第四，研究资料必须齐全而且容易获得。我们学校的图书馆有丰富的藏书，两位图书馆员都是经验非常丰富的图书馆信息专家，能给学生以专业的指导。我们的图书馆还直接跟市立图书馆以及全美各主要大学的资料库联网，学生可以随时免费查找各种资料。在教室里，五台学生电脑为学生上网查找资料、储存及分析资料提供了便利条件。

我在美国教中国语文的方法，在中国不一定适用，因为我们的目的不同：美国双语教育的目的是培养具备双语、双文化能力的学生，中国教育的目的是培养具备较高语文素养的学生。现在国内很多学校在实行新课程，希望通过使用美国的教学方法，提高学生的素质。希望我的文章可以给大家提供一点儿借鉴。

“我的老师不教书！”

李先生是一位数学老师。喜欢李先生的学生不少，这不仅是因为他教的是中英文双语的数学班，上课全用中文，华人移民学生都能听懂他在说什么，更重要的是他能侃。他可以海阔天空地侃一节课，还看上去一点儿都不累。只不过，他侃的东西跟他教的课程完全挨不上边就是了。上课不用动脑筋，只听老师侃大山，期末总评人人得A，谁不喜欢？

我的学生在我的“中国语文”课上学完《孔乙已》后，就告诉我，李先生有点儿像孔乙已——说什么都半通不通的，而且经常发牢骚，怨天尤人——“如果美国没有种族歧视，我现在已经是教育局局长了……”此时，学生们必定要大笑，问：“李先生，您有当局长的行政执照吗？”李先生会露出不屑于争辩的神情。学生们便又问：“您怎么教了几十年书，到现在连个副校长也没有混上呢？”李先生便涨红了脸，说些两仪生四象，四象生八卦，八卦定吉凶之类的话，没有人能听得懂。

一

在美国公立学校中，像李先生这样的老师并不少见。20 世纪 80 年代以前，加州并不像现在这样，对从事教育的人严格考核，严进严出，以保证专业水平，而是只要有大学学位就有资格教书。同时，颁发的教学执照也是终身执照，没有培训的要求。这就造就了一批不教书，或者根本就不会教书、也不想教书的“资深教师”。

在20世纪80年代中后期，旧金山校区曾经大力推动双语教育。然而，刚刚移民美国的中国人和墨西哥人多半英语不过关，无法考取教师执照。这导致双语教师数量严重不足。校区便通过提供有薪实习和在职辅导的方式，几乎将街上能说一点儿英语的中国人和拉丁美洲人都拉来教书，这就造就出一批英语不怎么样却在教英语的所谓“双语教师”。

其实，这样的现象不仅出现在水平不够的老师身上，还出现在本身水平相当高的老师身上。史密斯博士就是一个例子。他拥有名牌大学英国文学博士学位，读硕士和博士时都是研究莎士比亚的，是莎士比亚戏剧专家。学校安排他教世界文学和英国文学，这两门课的重点都是研读莎士比亚的著作。可是，史密斯博士上课时大部分时间是在看报纸，要不就给学生放法语电影的录像，从来没有正正经经地给学生上过一天课。他给学生布置的作业是从教师参考书里面复印的。他每天上课时就在黑板上面写第几页、第几题，让学生自己看、自己做，学生不懂也不解释，还反问学生：到了高中，是不是该学会自学了？

有一次，一个叫丽丽的华裔女生给我写了一封信，要求我把她调离史密斯的班。

“为什么？”我把丽丽叫到我的办公室，想知道她为什么不想在史密斯的班里学世界文学，毕竟史密斯是研究莎士比亚的专家。

“他歧视我！我那么用功做完他布置的所有作业，而且答案都是对的，考试也满分，可是，他仍然给我一个C。而班上那两个俄国女孩儿，什么都没有做，却能得到A！在他的班里，美女不做作业都能得A！”

“不对吧？假如美女不做作业就可以得 A，那你也可以得 A 了。”依照中国人的标准，丽丽是一个非常漂亮的女孩子。

“我要是美女就好了！他很变态，把丑的当美的。”

我一想也是，美国白人大多把小眼睛、塌鼻子、厚嘴唇，皮肤黑黑的、嘴巴大大的中国女孩儿当成是绝顶美女。不过，史密斯不是选美会主席，他可是一个老师，怎么可以用学生的外貌作为评价学生的标准呢？

我把丽丽的信交给校长，让他处理。

校长是怎么处理的，我不知道。不过，学期结束的时候，丽丽又来了，坚决要求转班，她再也不想在史密斯的班上待了。

“您把我的信交给校长后，史密斯每次考试、测验都给全班 100 分，期末总评人人都得 A。在这样的班级里，我能学到什么？他根本就没有教过一天书！”

二

读者大概会感到奇怪：如此离谱的老师，怎么可能在公立学校里面一混就是几十年？难道美国的公立学校，从来都不评价老师的工作吗？

旧金山校区的教师工会和校区签署的合同中，对于教师评价是这样规定的：各学校的校长或者副校长到教师的教室听课，做出对教师的评价；工作两年以上的教师每两年听一次课；新教师（也就是工作时间少于两年的教师）每年听两次课；临时教师每年听四次课。另外，假如永久教师得到了“优”或者“良”的评价，在下一次评价时，可以要求使用“短表”，也就是校长不去听课，根据上一次的评价做出同样的评价，有点儿类似于“免检”制度。

教师合同中规定，每次进行教师评价前，校长都要在规定的时间内通知教师（通常是每年10月以前）。假如忘记通知了，补发通知是不合法的，这一年就不可以再评价了，要等下一年才能评价。发出通知后，校长要跟教师做一个“听课前会面”。在这次会面中，校长会向教师朗读一遍合同中关于教师权益的条文，问教师理解了没有，是否有问题；然后，告诉教师：“我准备去教室听课了，请问什么时间最合适？听哪一节课？”得到了教师的回答后，校长会告诉教师他在听课的时候主要想看什么东西，希望教师如何做。另外，评价的时候校长还会要求教师提交该节课的教案。

于是，教师有一个星期左右的时间准备一场戏，把所有学生都训练好，到了校长来听课的那天，做一场精彩的五十分钟的课堂表演。

不过，很多教师连准备一场戏的工夫都省了。平常不怎么教书的教师，最多在校长来听课的那天教一教书，反正大部分校长不会为难教师，基本都会给一个“中”。

教师合同中规定，校长只能依据他听的课对教师做出评价，不可以根据自己的喜好、学生的反映或家长的投诉之类给教师评低分。而且，即使校长在听课的时候发现该教师根本就不怎么会教书，要给一个“差”也是非常困难的。校长若给了一个“差”，教师有权提出反对，可以说校长根本就没看懂他在教什么。同时，工会是绝对站在教师一边的，如果校长拿不出强有力的证据就给出差评，工会很快会通过法律程序来解决。另外，校长若给了一个差评，就意味着校长要再去听一次课。校长会想，你又不是教我儿子，我听一次课拿这么多工资，我多听一次课还拿这么多工资，何苦跟你过不去，大家都不好过？给一个“中”，大家皆大欢喜，不就可以了吗？

美国的教师没有职称，只有年资。工作时间越长，工资越高。有的地方给拥有高学历的教师额外加工资。但问题是，教师的工资不是随着年资无限上涨的，到了一定的年数，工资就到顶了。这时，很多老教师的想法是：我的工资不会再往上涨了，但假如我少做一点儿，不就等于我的工资增加了吗？所以，很多老教师工龄越长，在教书上付出的时间和努力就越少。到最后，就会出现“每两年教一节课”的怪现象。在学校里，教书最积极的是工作两年以内的新教师，因为他们签的是两年的合同，在这两年里，如果评价拿到“差”，学校是不会续签合同的。可是，两年一过，就自动转成永久教师，铁饭碗基本到手，教师只要没有犯罪，一般是怎么都炒不走的了。

造成这个现象的另外一个原因，是美国长期以来一直没有考试，教师有没有好好教书，谁都不知道，谁都不管。肯读书的学生，即使教师不怎么教，也能靠自学上大学，美国的大学对学生学术水平的要求可一点儿都不含糊。

三

不过，随着美国教育界逐渐向亚洲国家学习，这种现象正慢慢消失。加州教育部规定，小学二年级到高中三年级的学生每年都必须参加一次全州统考，并且根据成绩全州排名次，这导致校长的压力非常大。假如统考成绩差的话，校长就要被炒鱿鱼。因此，校长只能给教师施压，以保证教师真的在认真教书。教师是专业人士，有教师执照，要炒一个教师，得经过法院听证，十分麻烦。校长就不同，虽然校长的行政执照也算专业执照，但是，行政人员跟教育局的关系和教师与教育局的关系是完全不同的。教育局可以分配校长到哪所学校任职，却不可以分配教师到哪所学校教书。到哪所学校教书是教师个人的决定。一所学校有了教师的空额，假如一个教师的年资长，就有优先选择到那家学校教书的权力。因此，校长只能慢慢地想办法，让自己学校里的老教师们动起来。

首先动起来的是加州教育部，他们推出了一个“教师专业标准”。校长可以按照这个标准来评价教师，算是有法可依了。

然后，各校区也跟教师工会合作，制定出评价教师的方法以及如何帮助得到差评的教师，以确保每位教师都在认真教书。

终于，有一天，史密斯博士跑来找我：“校长要来听我的课了，怎么办？”

我觉得奇怪，他不是最不怕校长听课吗？我记得有一年，校长去他那里听课，他早早就在讲台旁边架了个录像机，给全班也包括校长录像。那节课他还是什么都没有讲，就让学生抄黑板上的单词，做书上的习题。

后来，他在系里开会的时候，口沫横飞地对我们说：“嘿，把校长气得呀……一下课，她就问我：‘为什么不教书？’我就说：‘您没有看见我的录像机吗？我用的是‘以学生为中心’的教学方法，让学生看着他们自己的录像，提高接受知识的能力，构建知识基础！我比不停说话的老师教的东西多多了！’可是校长却说：‘你的学生说在课堂上什么都没听懂啊！’我说：‘对不起，您只可以根据我上课的表现评价我，不可以根据我的学生的反馈评价我。’”

我想起了这一幕，觉得他现在竟然害怕校长听课了很新鲜，就问：“那你想要我帮你什么？”

“我不会写教案！什么‘五步法’是什么意思？想当年，我们哪里有学过那样的东西？”

我于是教他怎么写教案，然后还帮他上网找了些好教案的样本，让他参考着写自己的教案。

过了几天，史密斯博士又骂骂咧咧地来了，“校长给了我一个不及格！我真想告他！他是种族歧视！我都交了教案了，怎么还可以给不及格？！”

我忍住没有笑出来。校长是有色人种，他是白人，从来都是说白人歧视有色人种的，怎么现在倒过来了？我让他把校长的评价结果拿给我看。原来，他写了教案，可是，根本就没有按照教案写的东西教书，学生根本不知道他要在课堂上干什么。

过了一段时间，史密斯博士告诉我，校区现在要对他 PARS 了。所谓 PARS，就是校区跟工会制定的一套帮助得到差评教师的办法。校区专门培训了一批很会教书的教师，让他们一对一地帮助得了差评的教师。指导教师每天会到得了差评的教师的教室，观察他上课，然后告诉他，应该怎么上才符合要求。另外，校区会要求得到差评的教师跟指导教师一起去参加培训（免费的），学教学法，一起备课，然后指导教师上示范课，得到差评的教师学着上……反正就是手把手地帮助。这下史密斯可惨了。平时，下午三点多一放学他就没影了。他开着跑车，一溜烟回到家，斟上一杯红酒，半躺在窗前的按摩椅上，一边享受按摩，一边品尝红酒，一边欣赏金门大桥落日时的美景，过的是神仙一样的生活。可是现在不行了，放学后他必须跟指导教师一起备课，隔三差五还得去参加培训，回到家天已经黑了，吃完晚饭还得批改学生的作业（批改作业也是培训的内容之一）。

不过，更残酷的打击还在后面。他收到了一封教育部人事部门的信件，通知他参加一个全国的统考，考试及格才能继续留在这所学校教书，否则就要安排他去教普通学生了。这个全国统考要自己交三百多美元去考，而且要考一天。

“我可是博士！还怕考试吗？”史密斯博士先吹了一通，然后才问我：“考什么内容？”

我大概跟他说了一下，他当时就头大了：“怎么有这么多理论？我怎么都没有听说过？”史密斯毕竟是博士，他马上就发现自己假如不去大学上课，光靠临时抱佛脚的话，是无论如何也无法通过这个考试的。他知道，他现在的职位是最轻松的：教移民学生，学生都很乖，没有人会调皮捣蛋；他不好好教书也没有人会抱怨，因为学生家长都不会说英语。假如把他安排到其他没有移民学生的学校，他就完蛋了，他根本没有能力控制课堂秩序，而且，假如他不好好教书，学生家长就会天天到校长那里投诉，说不定还会有家长坐在教室里，监视他上课。

史密斯恶狠狠地咒骂了一句，接着问，“谁规定要考试的？”

“咱们的小布什总统推出了一个名叫《不让一个孩子掉队法》[①] (No Child Left Behind)，要求各州提高教师的教育质量，淘汰不合格的教师。你还算幸运的。我们学校有位老师教了一辈子生物课，就因为大学的学位不是生物学，是生物化学，就接到了人事部门的通知，让她去考试。人家已经是五十多岁的老太太了，还记得大学生物学的内容吗？”

“见鬼了，生物化学不算生物？这是谁家的道理？他们懂不懂？难怪老罗伦斯刚才跟我说，他要上大学了。我还祝贺他，说他有活到老、学到老的精神。现在想起来了，他在上大学的时候读的是历史，现在他教世界文学，他去上大学是因为他没有英语学位啊！惨，惨……唉……看来，咱们的政府真的不让咱活了，惹不起，咱躲得起……”史密斯摇着头，消失在走廊尽头。

春季学期开学后，才上了两个星期课，史密斯突然向校区提出退休申请。在加州，教师工作了一定年限就可以退休，退休金和福利由州政府公务员系统承担。不过，一般教师都会在学年结束后才申请退

①《不让一个孩子掉队法》是小布什总统在2001年签署的。该法旨在促进教育公平，使美国的每个学生都能够具备基本的阅读能力与数学能力。该法案已于2015年终止。

休，这样就不会让校长为了填补空缺四处找教师而陷入被动。但是，史密斯是打定主意捣鬼了，拍拍屁股就走，着实让校长头疼了一番。幸好林肯高中是很多老师都希望来的好学校，校长很快就找到人填补史密斯的空缺。

有一天，他的指导老师碰见我：“史密斯退休了，我真松了口气。你知道吗，他不但不教书，连学生的作业都不改，真不知道他是怎么当了这么多年老师的。”

| 第三辑 |

遭遇美国式教育

美国学校的开学第一课——安全教育

国内的很多朋友问我：美国学校开学第一天都干些什么？我可以告诉你：大部分学校在进行校园安全教育。

在美国，孩子不是父母的私人财产，而是国家未来的纳税人。政府不遗余力地保护学生的权益，唯恐做得不够。比如，为了让我们学校新建的教学楼能抵御十级地震，在中国的汶川地震发生后，美国政府专门组织工程师去中国实地考察，回来后把已经打了一半的地基全部废掉，重新按照新的、更严格的标准施工。又比如，为了防止未成年人受到各种侵害，每年开学前，所有教师都必须上45分钟的有关“如何报告儿童受虐”的课，考试及格才能上班领工资。教师怀疑学生受到虐待却不提交书面报告的话，可能会被判六个月徒刑并罚款一千美元。

美国的中小学外人很容易进入。因此，美国经常发生校园枪击案，一两个学生或者校外狂徒，带几支枪进入学校就可以大开杀戒。而社交媒体和手机的广泛应用，也让学生之间产生的问题更加隐蔽。比如，2016年旧金山一所高中发生了一起枪击案，起因是学生小A发现了自己的女朋友在社区媒体跟一个外校的男生小B的亲密合照，就纠集了一些朋友准备去教训那个小B。可是小B原来的女朋友小C却认为自己的男朋友那么帅，有几个女朋友很正常，当她在社交媒体上发现有人会来找自己男朋友的麻烦后，她就先下手为强，找了几个黑社会成员，在小A行动之前就跑到小A的学校伏击他，开枪把他打伤了。小A的好朋友为他打抱不平，也找了几个黑社会成员，准备到小C的高中去做掉小C。幸好他们在社交媒体上的计划被其他学生发现，警察才把这些人一网打尽。

正因为美国的校园存在种种危险，所以安全教育也就成为了开学的第一课。

在开学前，美国的教师都会集中进行开学前的准备，但是，有一项内容是不可或缺的，这就是安全教育。

美国中小学校的安全教育包括了以下几个部分。

第一部分，是如何应对恐怖分子袭击，包括“外锁”和“内锁”。所谓“外锁”，就是假如恐怖分子在学校外围，学校就要把学校外面的所有学生都叫进学校里面，然后把所有通往学校内部的门全锁上，避免外人闯入。所谓“内锁”，就是恐怖分子可能已经进入学校了，这时教师要马上把教室的门锁上，把灯关掉，然后让学生安静地躲在教室里面，避免被外面的恐怖分子发现。同时还要教育学生，假如这时听到火警铃声，千万不要跑出来，否则就成为靶子了。

第二部分，是如何应对各种灾害。比如，遇上火警的时候，撤离的路线和方法是怎样的；遇上地震的时候，该躲到桌子底下而不是跑到房子外面，因为美国的教室是震不倒的，比任何房子都抗震；遇上龙卷风的时候，该怎么钻到地下避难所里面……

第三部分，是灾难发生后该做些什么。学校给全校的教师都分配了任务，如果发生了灾难，谁负责搜救，谁负责联络，谁负责紧急救护，谁负责看护等，都一一明确，保证在专业人员到来之前救灾工作可以秩序井然地开展起来而不会造成二次伤害。教师还会教学生如何做，不同年级的学生掌握的内容不同。

开学后，学校经常会进行和安全教育有关的演习，有时候是提前通知的，有时候是不提前通知的突然袭击，目的就是让师生可以随时应对突发的安全状况，把校园的危险降低到最低。

跟中国不同，美国校园里面的保安不穿制服，有些学校的家长甚至反对校园里面出现穿制服的警察，理由是“警察佩枪，会吓到孩子”。其实，校警在学校里面更多的是起到一个教育作用，同时也能承担一些学校的员工没有资格处理的任务，比如处理违反交规的学生（加州的学生 16 岁就可以拿驾照开车），或者逮捕违法的学生，或者提醒学生的家庭监护责任（加州的学生 16 岁就可以结婚），等等。

美国的学校是十分重视校园安全的，希望这一点可以给中国的老师们带来一点启发。

美国公立中小学的课程设置是什么样的

国内的几位老师问我，美国公立中小学的课程设置是什么样的？课程难度究竟是比中国高，还是比中国低？这是一个有趣的问题。

美国的教育还是挺全面的，不说别的，光论高中的学科设置，相信国内很少有学校可以跟一所美国普通高中相比。美国公立中小学的学生基础比不上国内的学生，那是学生的问题。但是，美国的课程硬件设施还是很先进的。

美国小学的学科设置比较全面，大体上包括英语、数学、社会学、科学、音乐艺术、体育等。假如是中英文双语沉浸课程，还会有中文课。英语课的难度相当高，小学四年级的学生就可以读小说了（大概掌握了两万个英语单词）。数学课的难度相当低，学生小学毕业时还没有学分数加减法。因为要用英语来学数学，所以学生要花很多时间学习怎么记乘法表（用英语是无法念什么“三七二十一”的），这大概要花一到两年左右时间，另外，学四舍五入也要用一年的时间。其他科目的难度也没有中国的高。

美国初中的学科设置跟小学差不多，但是很多学校有乐队，有艺术课、电脑课。除了英语比中国的难以外，其他科目都比中国的简单。

美国高中实行学分制，高中的课程设置简直可以写一本书。高中的数学是分科目的，包括代数、几何、高等代数、三角函数与解析几何、微积分、统计学和高等数论，几乎所有高中都会开设大学预科高等数学。每一门课要读一年，学生修完了低级的数学课才能修高级的数学课。英语课分专题研究世界文学、种族文学、美国文学和欧洲文学，也有大学英语和新闻学等选修课。社会科学有世界历史、美国历史、美国政府、经济学、心理学、艺术历史、建筑历史等十几门课供学生选修。社会科学课无法跟中国的相关课程比较谁深谁浅，因为很多课中国的中学根本就没有开。科学也是分科的，包括综合科学、地球科学、气象学、生物学、化学、物理、海洋科学、生理学、生物工程、大学生物学、大学化学、大学物理、环境科学、大学环境科学等。这些课很多中国高中也是没有开的。拿中国高中也会开设的生物、化学、物理三门课来说，美国高中的化学和物理比中国高中的难多了，生物课跟中国高中的生物课所讲的内容差不多，但要难很多。

除了四类主课以外，美国的高中还有外语课、艺术类课程、实用技术类课程和体育类课程。外语课包括汉语普通话、日语、韩语、西班牙语、法语、德语、拉丁文、俄语、荷兰语、意大利语、葡萄牙语。艺术类课程包括视觉艺术课程，比如雕塑、美术、陶瓷摄影等，还包括表演艺术课程，比如乐队、乐器、话剧、舞台设计、舞蹈等。实用技术类课程有很多，包括金工、木工、机床、印刷、汽车维修、家政、建筑、银行、会计、商业文秘等。体育类课程除了普通体育课外还有专业课，如各种球类运动、田径、跳水、体操、击剑等，总之奥运会有什么项目就会开什么课程。简单来说，美国的高中就跟中国的综合性大学差不多，什么课都有，让学生自由选修。要比较难度还真困难，中国的高中哪有能力开出那么多课来？

美国“新教育”的泡沫

美国是个喜欢不断进行教育改革的国家。由于教育政策不是由国家统一制定的，而是由各地的校区教育董事会制定，因此，每换一届董事会、每换一个教育局局长，都可能会出台一个新的教育政策。总的来说，美国的公立教育延续了欧洲学校的教育体制。但是，不少美国人不喜欢那种传统的课堂教育，认为这是把人当成生产线上的产品，所以总想找点儿借口，改革一下。

收音机刚出现时，教育改革家们就建议用收音机来上课，取消黑板和粉笔。结果，他们没有成功。后来，电影开始普及，教育改革家们又建议让电影进入课堂，取消黑板和粉笔。最后，电影也无法取代黑板和粉笔。后来，电视开始普及，很多人就说，这次传统的课堂该下课了吧？电视都出来了，还要课堂干什么？当时，美国中部的一些地方甚至包了飞机，把电视教学片从空中传到地面，来一个“没有围墙的校园”。然而，这个美丽的设想还是失败了。从20世纪80年代开始，电脑慢慢地走进了课堂，20世纪90年代出现的互联网，更把电脑应用推向了一个高峰。更多的人憧憬用互联网和电脑取代学校，取代课堂。

所有这些发明和对新技术的应用，都没有改变美国公立学校的根本制度。可是，美国从20世纪60年代开始的“新教育”和文化运动，却把美国的公立教育搞得一团糟。其流毒甚至流传至海外，一直漂洋过海，被不少羡慕美国文化的国家视为至宝。

20 世纪 60 年代，美国发生了一系列反传统的文化运动——黑人民权运动动摇了美国传统的社会结构，嬉皮士运动动摇了美国传统的道德标准，反越南战争运动则动摇了美国传统的政治标准。与此同时，美国的“新教育”理论出现了，这个理论反对传统的教育理论和教育思想，反对传统的学校结构和教学方法，反对传统的教学标准以及与标准连在一起的所有考核行为。他们认为，传统的课堂教学方式就是老师一个人在讲，学生只是被动地听，这样做严重扼杀了学生的创造力和思想自由。他们认为，课堂教学应该以学生为中心，让学生决定应该学什么和怎样学。甚至学生在学校里面提倡杀人放火、崇拜暴力毒品，可能都没有人会说他们是错的，因为学生有言论自由。科伦拜校园枪杀事件是美国历史上最血腥的校园枪击案之一。行凶的两个学生在学校里参加了一个信仰魔鬼邪教的学生组织，该组织崇拜魔鬼、血腥、暴力。但是，从来都没有人管他们，也没有人指出他们的活动可能会造成怎样的危害。直到发生了血案，一切都迟了。在考核方面，“新教育”理论的信仰者认为，学生有多元智能，每个人擅长的领域不同，不可以强求所有人都学习同样的东西，都懂同样的东西。在学校的结构方面，他们认为书本的知识是死的，生活的知识才是活的，因此主张学生应该到生活中、到实践中去学，认为每一样知识和技能都只有通过实践才能学会。

起初，“新教育”理论只影响了美国的公立中小学，私立学校和大学完全没有受影响。工商界和政界对“新教育”理论提倡的这些东西虽然有些不屑，却也不怎么干涉。原来，美国的权贵阶层对公立中小学毕业生的期待就是“能做到收支平衡”“能看懂候选人的政纲，会投票”，这就足够了。因为美国的权贵阶层深信社会金字塔理论：在一个社会里，控制社会资源和有智慧的人占据了金字塔的顶端，普通工薪阶层占绝大多数，是金字塔的底部。公立教育的目的就是培养金字塔底部的公民。假如人人都有能力爬上金字塔顶端的话，这个社会就不稳定了。所以，对于“新教育”理论不要基础知识之类的论调，美国的权贵阶层从来都不干涉。

可是，20 世纪 80 年代中期以后，美国的权贵阶层惊讶地发现，“新教育”理论的危害远远超出了他们的想象，而且已经开始腐蚀社会的金字塔。假如这座金字塔倒塌，他们在塔顶的人也会完蛋！

为什么这样说呢？从前，普通工薪阶层靠干体力活就可以谋生，不需要懂太多的文化。可是，进入新技术革命时代之后，美国的工商界人士发现，从前高中生就可以干的活，现在要大学生才能做；从前靠卖力气能完成的事情，现在要靠熟练技能了。可是，公立学校都培养了什么样的高中毕业生呢？大部分高中生在英语阅读上有问题，很多人连看普通的句子都有困难。美国《新闻周刊》曾刊登过一幅令所有美国人都印象深刻的漫画，上面只有一行字：“假如你能看懂这行字，而你又未满十八岁的话，你一定是日本人。”在写作上，学校教育多年来强调“创造性”的结果是学生连单词都能创造，创造出的拼写方式连他们自己都看不懂。社会上不会写作文的大学生比比皆是，没弄懂小学算术的也大有人在。在高科技的摇篮硅谷，通用的语言是汉语和印度语，因为新数学的遗毒，大部分公立学校出来的人一看见数学就头疼，根本就没有能力从事对数学要求极高的工作。

美国社会毕竟不可能只靠私立学校、个别顶尖的公立学校以及从外国引进的人才来维持。工商界首先发难，因为他们每年花在培训员工、让他们达到高中水平上的钱，已经足够他们多投资几百个跨国公司了。各大学接着发难，因为大学越来越像中小学了，很多大学新生需要补中小学的课，大学要花很多的人力物力去满足学生补课的需求，令自己的科研和创新能力大大降低。大学教授们还发现了一件令人啼笑皆非的事情：很多来自公立学校的毕业生，想象力和“创造力”非常强，一个普通的研究课题都可以提出非常多的解决办法。可惜，因为他们的基础知识极其薄弱，他们想出来的解决办法，或者说他们的“创造力”，完全不着边际，对解决问题一点儿用都没有。可是，他们还很自信，一个个都死不认错。这样的大学生，让大学吃足了苦头。

于是，在进入 21 世纪以后，美国各地的校区开始慢慢地恢复传统的教育方式，其标志就是设立统一的教学标准，使用统一的教材，建立全州统考制度。不少州还破天荒地引进“校长负责制”或者“学校负责制”。若学生的考试成绩不好，校长要负责，要被开除；或者整所学校要被解散，重新再建。某些州甚至实施了“代用券”制度：假如某所学校学生的统考成绩不好，政府要从拨给该公立学校的资金中拿出一部分，以“代用券”的方式发给该校的学生，学生可以拿着这笔钱去读私立学校。最近，加州的州长还提议，按照教师所教的学生在全州统考中的名次，决定教师的工资应该是高还是低。

美国政府在 2001 年推行的《不让一个孩子掉队法》，宣告了“新教育”泡沫的彻底破灭。根据这个法案，全美所有州的主科（语文、数学、科学、社会学）都必须制定一套得到联邦教育部认可的标准和统一考试。在 2006 年以前，全美所有公立学校都必须达到统考及格的标准。所谓“及格”，其实标准还是相当低的。以加州为例，一所学校有 30% 的学生在统考中达到 36% 以上的等级（大约就是 100 分拿 36 分吧），这所学校就算达到统考及格的标准了。(2003 年，加州教育部门统计后发现，达到统考及格标准的学校只占全加州公立学校的 23%，可见新教育的危害有多大）无法达到统考及格标准的学校将会面临被解散的命运，或者无法获得联邦教育资金的经济制裁。

除此之外，这个法案还提高了对教师和助教的资格要求。法案规定，公立学校的助教必须至少读过两年大学，或参加一项文化考试，及格后才能获得续聘。法案还规定，教师至少要有所教专业的学士学位，如果没有，必须通过一项联邦政府认可的考试，以前通过的考试全部都不算。受这个法案影响最大的当然就是老教师了。那些老教师正是在20世纪60年代全美提倡“新教育”、推行“开门办学”的时候开始当教师的，那个时候当老师根本就不需要考试。很多老教师即使上大学时所学的专业与所教的学科有关联，经过了几十年，该忘记的也全都忘记了，知识更新根本无法跟上时代的进步，真是叫苦连天！

教育改革进行了几十年，改来改去，美国人最后发现还是得改回从前的教育方式。“新教育”实施的几十年，好像并没有培养什么人才，反而造成美国社会道德沦丧、犯罪率升高、国民知识水平低下。在美国对伊拉克开战前夕，美国的媒体曾经对全美民众做了一个抽样调查，发现60%的人都赞成出兵伊拉克。可是，能正确地说出伊拉克到底在什么地方的人，连30%都不到！

让中国人羡慕的美国“素质教育”，只存在于少数顶尖的学校，绝不代表美国公立教育的现状。

教室里蒙尘的电脑

在网络泡沫出现之前，旧金山校区的上一任教育局局长，对在课堂上应用信息技术，特别是电脑，非常热衷。他建议在全校区所有的教室里都配备六台电脑供学生使用。当然，这个提议需要花费大量的金钱，不是那么容易做到的。不过，林肯高中因为遇到了几次好机会而使这个提议变成了现实。

2000 年，我们学校得到了一笔州政府的补助，用来更新学校的电脑设备和架设网络。于是，大家兴高采烈、风风火火地把电脑和网络都弄好了，还建了几个电脑实验室。可是，刚过了一年，校长又兴奋地宣布，我们学校已经获得了一笔由州政府拨款的“数据高中”基金。这笔款项将用来更新全校的电脑设备，而且还必须按照工业标准来做，凡是不符合标准的设备，全部都得淘汰。因为先前的网络并不是按照工业标准架设的，电脑也不是按照工业标准配置的，所以，一夜之间还很新的电脑全部被淘汰，还很新的网络也全部被更换。每间教室还配备了一台多媒体电脑，老师可以把电脑里的内容展示在教室里的电视上。另外，所有老师都可以在教室里面安装六台新电脑。按照工业标准，所有电脑都跟学校的服务器连接，并有专门的用户名和密码。任何人只要输入用户名和密码，就能登上学校里的电脑。

我的教学一直很依赖电脑。但是，因为我一天只教三节课，所以我不像其他老师那样有自己的教室，我必须跟其他老师共用教室。我也想要在我教书的其中一间教室配备六台电脑，这样，我就可以把学生分成六组，让他们查资料或者用电脑做其他事情了。

可是，开学后我才发现，因为更换课程表，我被分到另外一间教室，不在原来放电脑的那间教室上课了。电脑已经装好了，我也不可能再要求把那些电脑全搬到我上课的那间教室去。

六台崭新的电脑会在原来那间教室里蒙尘。为什么呢？在那间教室里教书和办公的是一位老教师，他已经习惯了上课时只用粉笔和课本，教室里突然多了几台电脑，他根本就不知道该怎么用它们。

不过，那几台电脑并没有冷清太久，他的学生很快就发现这位老师根本就不懂电脑。于是，学生就向这位老师建议："我们上课时用电脑查查资料，让电脑帮助我们做课堂作业好不好？"这位老师当然说好。其实，他因为年纪大了，平时并没有认真教书。他的教室里有三块黑板。每天早上，他一进教室，就在两块黑板上写满要求学生看的书的页数和要做的题目，学生来上课的时候，他就指指黑板说："开始学习吧！"课堂上，有的学生听音乐，有的学生打扑克，只有几个用功的学生在做作业。这几个用功的学生做完作业，其他学生有的就抄他们的作业，有的干脆就不做，反正这个老好人给的分数也不低。

现在，教室里竟然多了一个新玩具——电脑！对电脑一点儿都不陌生的学生马上用电脑来上网、玩游戏，在发现老师根本就不管他们用电脑干什么，只管自己看报纸之后，便开始浏览色情网站。从小声说笑，发展到对照色情网站上的美女照片，对班里面的女同学品头论足。气愤的女生终于忍无可忍，向老师投诉。老师这才发现原来电脑竟然是潘多拉的盒子，不可以打开，于是下令谁也不许动电脑。

从此，那六台电脑，加上老教师的那台教师演示电脑，就躺在教室里继续蒙尘了。

后来，越来越多的电脑开始蒙尘了。这到底是怎么回事呢？

原来，"数据高中"基金规定，必须有一部分款项用来为教师提供使用电脑的训练，有一部分款项用来为电脑设备提供维修和保养。

在得到基金的第一年，学校拨出很多钱，找了几家专门培训教师使用电脑的公司，购买了很多课程，让老师们放学后去免费上课学习如何使用电脑软件和硬件。另外，学校的技术系主任还利用午餐时间和放学后的时间为教师提供电脑使用训练。可是，参加的教师却寥寥无几。

我曾经做过一个调查，问老师们为什么不愿参加电脑培训。我得到了下面的答案：

① 家里面的电脑没有学校或者培训时使用的电脑高级，而且，培训不送软件。如果家里的电脑没有跟学校里的电脑一样的软件，就算学会了也无法在家里面备课。

② 年纪太大了，学了就忘，没有这个心情。

③ 在课堂上，不用电脑都无法完成课本上要教的内容，更不要说使用电脑了。

这些不参加培训的老师的教室里的电脑长期没有人使用，全部都蒙上了灰尘。有的教师因为不会用电脑，只好让学生乱弄，没过几天就弄坏了。

但是，喜欢用电脑的老师仍然热情高涨，他们几乎天天都带着学生到电脑实验室，平常上课也用教室里面的教师电脑来演示，下课后就到教师的电脑工作室去备课。一时之间，“信息技术与课程整合”成了我们学校的一个大卖点，我们学校也因此被评为“加州优秀高中”。

全校近两百台电脑直接与服务器相连，这本身就隐藏着极大的不稳定因素。因为所有用户都必须登录服务器才能使用电脑，所以假如学校的服务器出了问题，所有电脑都无法工作。然而，“数据高中”基金只给我们两位电脑技术员。通常需要五六个人才能管理过来的电脑，只有两个人在管，当然会捉襟见肘。而且，在商业机构里，电脑使用者都非常自觉，不会破坏电脑或者网络。可是，在一间有两千多人的高中就难说了。每天，有数不清的电脑“高手”试图破坏学校的网络。有一次，一个学生把一台手提电脑接到一个很偏僻、没有人使用的以太网接口，使全校电脑瘫痪了两个星期。另外，学校里还有很多对电脑一无所知而且也不想学习的教师，他们经常在无意织的情况下破坏电脑，最常见的情况是把CD光驱那个放CD的托盘当成是咖啡杯托架（因为跟汽车上的咖啡杯托架完全一样）。这些老师把咖啡往那一放，不小心碰到开关键的时候，CD盘往里面一缩，咖啡就全倒在键盘上了。另外，还有很多老师把电脑显示器当成主机。他们打开显示器，半天还是黑的，什么都没有，就深信电脑出了毛病，大叫技术支援，让技术员疲于奔命，更需要帮助的地方反而没有时间去了。

更不幸的是，随着网络经济泡沫的破灭，美国的股市一泻千里，著名的硅谷有三分之二的公司倒闭。加州的税款突然大幅度减少，再也无法给高中提供“数据高中”基金了。

于是，在一夜之间，学校失去了仅有的两位技术员。从此，电脑坏掉无人修理，网络停顿无人管。到最后，没有受网络病毒感染的、能启动的电脑越来越少，蒙尘的电脑越来越多……

从今年开始，全校区的电脑维修和保养都由校区的几位技术员负责，每位技术员大概要负责几百台电脑。谁的电脑坏了，必须要登录校区的“请求电脑维修”网页，填一个表格，写明哪里出了故障，然后等待技术员来修理。问题是，假如你的电脑坏掉了，你又怎么上网填表格？

我的办公室里有一台直接连接校区学生档案办公室的行政电脑。这台电脑属于学生资讯服务系统（Student Information Service），而学生资讯服务系统是校区最优先维护的，出了问题通常马上就会有人来解决。可是，因为预算被严重削减，连学生资讯服务系统的机器坏了，都经常没有人来修。刚开学的时候，我在软盘驱动器中塞了个软盘，谁知软盘上面的铁翘了起来，卡在软盘驱动器里面，弹不出来了，导致电脑无法启动。我赶快上网填好表格，要求紧急服务。等了差不多一个星期，都没有人打电话来问，更不用说来看看了。我管理着整个 ESL 计划的五百多名学生，不可以长时间没有电脑用。于是，我干脆自己动手，把电脑拆掉，把软盘驱动器里面的软盘弄了出来。

过了五个月，我都几乎忘记这件事了，一个电脑技术员晃进了办公室：

“我是来修理电脑的。”

“啊？！”

最早领导了信息技术与课程整合潮流的学校，就这样成了网络经济泡沫和财政削减的牺牲品。

最近，校区在一个官司中赢得了一笔钱，分给了各个学校。部分对电脑有着无限热情的教师（大部分是新教师）马上就在校务委员会上提出，要把这笔钱用来购买新电脑。看来，新一轮“高科技”循环又要开始了……

学生的水平决定了美国公立高中的教育质量

美国的公立教育本来是不容许有所谓重点学校存在的。原因很简单：公立教育应该是公平的教育，一视同仁，不应该把学生分成三六九等，当然就不可以分什么“重点”和“非重点”了。

但是，近年来“回归传统”的教育改革潮流，让越来越多的人开始倡导建立重点学校，有越来越多的地方开始设立重点学校并且已经看到了设立重点学校的好处，联邦政府也大力支持设立重点学校的试验。相对于中国国内越来越多的人反对设立重点学校、开始倡议取消重点学校，美国人似乎在反其道而行之。本文主要讨论的是美国公立高中里的重点学校。

什么是重点学校？按照国内的定义，重点学校有以下几个特点：按照学生成绩招生，招的都是最好的学生；配备最好的教师；政府为其提供最好的资源。

在美国的公立中小学，按照学生成绩招生是不对的，因为这违反了“有教无类”的精神；配备最好的教师也非常难，因为老师们选择在哪所学校教书不是政府能管的，是由教师自己按照工作的年资自由选择的，没有“分配工作”这一说。政府能否提供最好的资源呢？也不可能做到。美国政府是按学生的人数发放资金的，比如在加州，每个学生每年能获得州政府六千多美元的资金，这些钱是按照学生的入学率分配到每所学校的。比如，一所学校有 100 个学生，只要这 100 个学生天天上学，学校每年就能获得六十多万美元；假如这 100 个学生每个学年只有一半的时间到学校上课，学校就只能得到三十多万美元。这笔钱包括了校长的工资和教师的工资。学校又不可以收择校费，想建漂亮的大楼根本是不可能的。事实上，长期以来，最有钱、最不缺资源的学校并不是学生学习成绩好的学校，而是充满了没有教师执照的老师和无心向学的学生的学校。因为学生成绩低下，所以政府对他们的补助就很多。同时，因为学生根本就不好好读书，所以有教师执照的或者有经验的老师就不会去那里教书，只有那些刚得到教师执照的没有经验的老师或者是拿着临时执照的老师才会选择那里。

可以说，能克服上述困难成为重点学校的公立高中是非常非常少的。比如，在旧金山联合校区的众多高中里，只有洛威尔高中一家有资格成为重点学校。而当初洛威尔高中之所以能成为重点学校，其实是钻了公立教育哲学的空子。美国当时允许公立高中建立所谓的“磁石学校①”，洛威尔高中就提出要建立一个以培养学生学术能力为特色的“磁石学校”。跟所有的“磁石学校”一样，一个校区内同一类的“磁石学校”只能有一所，此外，“磁石学校”在选择学生时可以咨询一下家长的意见或者考一考学生。所以，校区内只有洛威尔高中得到了按学生的成绩来选拔学生的资格。

决定美国公立高中教育质量的，其实是学生。假如生源好，学校的校风自然好，好老师也愿意到这所学校来教书。懒老师无法面对勤奋的学生和关心教育的家长，在生源好的学校不太容易生存。重点高中的毕业生大多数上了好大学，毕业后多数成为社会精英。这些校友通过自身的影响力，又为重点高中争取到各种经费，会让这些学校越来越好，形成良性循环。

---

① 磁石学校（magnet school）：通常也称“重点学校”。

美国的公立高中是如何管理学生的

大部分美国的公立高中是没有类似于国内的“班级”的概念的，甚至连“年级”的概念都比较模糊，原因就是美国的高中是实行学分制的。

美国公立高中的学分制和国内大学实行的学分制差不多。学生必须要知道，想顺利地从高中毕业，必须修够多少个学分；另外，学生还必须知道，必修课的学分是多少，选修课的学分是多少，每年要修够多少个学分才能“升级”。

虽然全美的公立高中都实行学分制，但是，具体实行起来，却是每一所学校都不相同。造成这一现象的主要原因是每所学校的上课时间安排，或者说课程表，都不相同，呈现出了百花齐放的局面。因此，甲学校的学生可能一天上六节课，每门课有五个学分；乙学校的学生可能一天上四节课，每门课有十个学分。因为每所学校的课程表都不同，所以州教育局在管理学校的时候，只对学校全年的授课时间提出要求，对每门课是如何安排的并不干涉。

理论上讲，美国公立高中的学生到学校上课跟我们到超市买菜没有什么区别：假如一天要上六节课，挑六节自己喜欢上的课去上就行了。不过，具体实行起来却不是那么简单的。因为课程有深浅，所以选修某些课是要达到一定要求的，比如，没有学过代数的学生就无法选修微积分。另外，学生还得盯着毕业的要求，将必修课的学分和选修课的学分都修满；想读大学的学生要从进入高中的第一天开始，就选修那些对读大学有帮助的课程……一句话，假如国内是在高二才分文理科的话，美国的公立高中可是在高一就开始分文理科了，而且是学生自己做决定的。

美国的公立高中是没有“班级”的，在一个课堂上，可能既有高中一年级的学生，又有高中四年级的学生。老师的任务就是在教室（通常也是该老师的办公室）里等学生来上课，学生上完课就走，无所谓班级管理。那么，谁负责管理学生在学校的学习、生活和纪律呢？

在美国的公立高中，学生是由学校和学生共同管理的。

先说说学校方面的管理。

训导主任是管理全校学生的大总管，他的任务主要是处理比较严重的学生违规事件，比如将学生停学、开除等。美国是法治社会，很多时候，训导主任要跟当地警方合作，管理一些问题学生或者监外执行的学生。学生若严重违反课堂纪律，老师通常是不管的，填一张表，训导主任自然会找学生或者联系家长。假如学生在课堂上严重违纪导致教学无法正常进行，老师通常会叫学校保安把学生带到训导主任办公室，其他事情，就由训导主任和学生顾问去处理了。

学校会为每个新入学的学生分配一个学生顾问。一个学生顾问通常要负责管理一个年级的学生，在旧金山，一个学生顾问要管理五百个学生。学生顾问的工作是指导学生选修课程，帮学生把选好的课程名输入电脑。另外，学生顾问还负责联络家长。因为学生顾问都接受过心理辅导方面的训练，他们也可以为学生做心理辅导，或者用我们的话来说，做思想教育。心理辅导的对象通常有比较严重的问题，比如患上忧郁症、精神有问题、想自杀等。因此，学生顾问做的基本上就是国内的班主任在做的工作。一些规模比较大的学校，学生顾问的分工比较细。比如，有学业顾问、健康顾问（青少年可以找健康顾问谈无法向其他人启齿的问题）、大学顾问（负责指导学生申请大学及奖学金）和职业顾问（负责指导学生找工作，并联系社会上的公司到学校开招聘大会）等，每个顾问有不同的服务范围，学生可以得到全面的服务。

一些高中在学生的课程表中专门安排了“家房”(homeroom) 时间。有些人说，家房老师就相当于国内的班主任，其实不是的。家房的功能就是在每天上课之前，或者是每天找一个时间，让同一年入学的学生聚在一起，方便学校进行一些学生管理活动。比如，读一下针对某个年级的学生的通知。现在，越来越多的州要求学生参加统考，由于统考是针对高中某一个年级的学生进行的（比如，加州的高中毕业考只让高二和高三的学生参加），家房就为同一个年级的学生聚集提供了机会（虽然他们并不一定都上同一个年级的课）。家房老师通常只维持秩序，不负责学生的成绩和纪律问题。

再说说学生方面的管理。

美国的公立高中没有班长、副班长、科代表之类的职位。学生管理自己有两个层次，一个是通过学生会进行，一个是通过学生内阁进行。

学生会的职能是组织学生活动。小至协调各个俱乐部、社团的活动，大至组织全校性的舞会、节日游行，都是由学生会策划、组织。校学生会的成员基本是由各年级的学生会成员组成。每个学期初，想当学生会委员的学生就会想尽各种办法，让同一个年级的学生认识自己，在投票的时候投自己一票。所有年级的学生会委员直接成为校学生会的委员。然后，他们再在全校竞选一次，全校学生再给这些委员投一次票，按照得票数的多少，依次分配会长、副会长、学生活动委员、秘书及财政委员等五个官职。这些人负责策划组织每个学期的所有活动，包括去跟老师、校长谈判，争取得到他们的同意。因为美国的公立高中没有“班级”，无法以“班级”为单位组织活动，所以，学生会的人组织活动特别困难，需要有很强的领导能力。这就是为什么通常学生会的人都可以进入好大学的原因，因为成为学生会委员本身就说明他有比较强的领导能力了，这正是各大学争相收揽的人才。

有些学校除了学生会以外，还有一个叫学生内阁的组织。学生内阁的成员是全校每个家房选出来的学生代表。学生内阁通常每星期会跟校长开一次会，反映家房里同学们的要求。校长也通过他们，把学校对学生的期待，或者是一些让人头疼的问题，带回家房跟同学们讨论，找出解决办法。

训导主任、学生顾问、家房老师、学生会、学生内阁组成了美国公立高中独特的、多元化的管理层次。

拥有巨大权力的美国家长

我教的生物班上，有一个叫伊万的九年级白人男生，他长得高大英俊，十分斯文，可是，一上课就发呆，或者跟邻桌的一个印度裔女孩儿讲话，从来不记笔记，也不做作业。开学后两个星期，伊万所有作业都没交，所有测验都是零分。于是，我给他的父母打了个电话：

“伊万诺维奇先生吗？我是伊万的生物老师。伊万这两个星期什么作业都没有做，测验全都是零分，上课还不听讲……”

话筒的另一边传来了伊万父亲的咆哮：“你怎么当老师的？你还是老师吗？学生不交作业你找我？还有，我听伊万说，他的作业全交了，是你把他的作业扔掉的！你经常歧视他，从来都不表扬他，老说他这不行，那不好，你这不是伤害他的自尊心吗？你先想想自己是怎么对待学生的，再向我们家长投诉。不要装腔作势，小心我向教育局投诉你……”

一

这样的家长还算不上最令人头疼的，因为其他老师还告诉过我更恐怖的故事，包括给老师写律师信要把老师告上法庭的。反正，美国的很多家长给我的印象就是，在老师要求其配合教育孩子的时候，他们总是站在孩子一边，认为老师有错。

来自中国的老师，对这样的家长相当不习惯。在中国，教育目标、课程、课本、教师、学校管理等全都不是由家长决定的。学校跟家长联系，基本上就是通报学生的成绩，或者要求家长配合教育学生。因此，学校有绝对的权威，家长能做的，就是要求孩子尽量满足学校的要求。

跟中国不同，美国公立教育最大的特点就是家长的高度参与。美国所有的公立学校都是由当地的校区管理，而管理校区的最高权力机构校董会却是由当地全体公民通过投票直选产生的。换句话说，就是家长有权选择谁来管理当地的公立学校。

因为校董会是家长选出来的，因此，从制定教育方针到决定学校如何运作，一切事宜都必须向家长公开。教育局局长是由校董会任命的，工资也由校董会决定。假如家长对校区或者某所学校的措施有什么意见，就会向校董会反映；解决不了的，会上诉到州教育厅，由州一级的教育董事会来决定；假如还不行的话，家长还可以收集选民签名，只要选民签名足够多，就可以把自己的要求变成一个法律提案，让全体公民公投。几年前，一些对加州双语教育政策感到不满的家长，在一个亿万富豪的支持下，把取消双语教育的诉求变成了一个提案，而全加州的选民以多数票通过了这个提案，于是，这个提案就变成了加州教育法中的一个条文。由于校董会是公投选出来的，因此未必人人是教育专家，若遇到不懂教育的外行瞎指挥，也会闹出很多笑话。比如，在 20 世纪 80 年代，就有一个校区的校董会规定，所有学校都不可以教进化论，理由是家长们无法容忍他们竟然是猴子变的。

二

正因为家长拥有至高无上的权力，所以，无论是校区还是学校，都必须为家长参与孩子的教育提供一个平台。在旧金山，这个平台分为以下几个部分：

第一，是家长教师协会（Parent Teacher Association），或者家长教师学生协会（Parent Teacher Student Association）。家长教师协会是由家长和教师自愿组织而成，学校、校区、州和全美都有各级的家长教师协会。

在美国，全国性的家长教师协会最早出现在1925年。19世纪末、20世纪初，一些家长和教师为了更好地合作、更好地教育学生，组成了家长和教师的联合协会。加州、伊利诺伊州和宾夕法尼亚州都出现了这种协会。后来，他们开始在全美赞助建立类似的家长教师协会。1925年，全美家长教师协会改名为“全美家长教师协会联盟”，在1976年又改名为“全美家长教师协会”。

在美国的公立学校，家长教师协会是代表家长的组织，由自愿参加的家长投票选出委员和主席。委员和主席要定期与学校的校长和教师代表举行会议。家长们通过家长教师协会，可以知道学校的最新消息，也可以向教师和校长反映其关心的问题。假如是校区范围的家长教师协会，家长还可以通过家长教师协会直接跟校区的主管官员对话、咨询。家长教师协会通常会通过发行报纸或者是更新网站向全体家长公布他们了解到的关于学校的信息。

家长教师协会不仅是家长和学校交换信息的平台，还是家长直接参与学生教育的平台。家长教师协会经常举办各种筹款活动，利用家长的专业才能或经济资源，帮助学校更新设备，管理安装电脑，更新图书馆藏书，为教师购买教学用品或者为进修提供资助，给学生补习，或者给上大学的学生提供奖学金等。学校的课余活动，如体育联赛、旅行学习等，都离不开家长教师协会的帮助。一些规模较大的家长教师协会，甚至会参与当地的社区活动。

第二，是英语学习者咨询委员会（English Learners Advisory

Committee)。这个委员会的参加者主要是“英语学习者”，也就是非英语母语的人，或者外国移民学生的家长。英语学习者咨询委员会的主要功能，是对学校提供给英语学习者的英语课程计划和政府提供的资金的使用情况提出意见。加州教育法规定，假如学校有超过一名英语能力有限的学生或移民学生，学校就必须为这些学生提供特别的课程。联邦政府和州政府每年都给有“英语学习者”的学校拨专款，用来补助这些学生的学习费用。这些钱的使用情况，必须接受英语学习者咨询委员会的监督，预算也必须得到英语学习者咨询委员会的批准。学校通常会在英语学习者咨询委员会的定期会议上提供翻译服务，让移民家长可以更方便地跟学校的校长和教师代表沟通。

第三，是校务委员会（School Site Council)。校务委员会由校长、教师代表、家长代表和学生代表组成，主要任务是审核学校的预算并决定学校的重要教育方针。校区每年会把一定数目的钱拨到每所学校的账上，除规定了一些不可更改的项目外，比如必须请多少位老师、多少位校长、多少位顾问以及多少位图书馆员之类，剩下的钱就由校务委员会决定怎么使用。校务委员会要根据学校未来一年的教育方针做出相应的预算。假如校务委员会决定未来一年的教育方针是将信息技术与课程进行整合，那么，这笔钱有很大可能被用来更新电脑设备。参与这个委员会的家长，不仅要给学校的教育方针提出建议，还有决定如何分配钱和资源的投票权，可以说是最有权力的家长。当然，他们是由全校的家长投票选出来的，自然也代表了全校家长的利益。

第四，是各种会议。每学年开学后，刚进校的家长和学生都要参加学校举办的入学指导会，学校会告诉家长在本校就读的各个注意事项。开学一个多月以后，学校会再举行一次活动，让家长到学校跟各科的老师见面（小学是跟班主任见面)，了解各科教师对学生的要求。

假如是在小学，班主任每学期要跟所有家长单独见两次面，告诉家长孩子的学习情况，并把详细的书面考核报告交给家长。这个考核报告并不包括各科的考试分数，而是详细地列出了学生对每一科的掌握情况，评估的内容也不仅包括语文、数学这些学术科目，还包括智力的发展、情绪的发展和社交状况。评估的等级分“好”“中”“差”。老师通常还要加评语。为了避免伤害家长和学生的自尊，负面的评语是不可以说，更不可以记录在评估报告上的。教师在师范学校学习的时候，都会学习一个指引，教导教师们在写学生评语的时候，如何把负面的东西写得不那么负面。比如，假如一个学生经常做白日梦，老师在评语里就必须说：“需要帮助该生分清幻想与现实的关系”；假如一个学生经常打同学，老师在评语里就必须说：“该生喜欢借助超乎适当的体力来达到日常的目的”；假如一个学生加入了黑社会，老师在评语里就必须说：“该生喜欢参与不太适当的群体活动”。假如是在中学，教师不会与家长单独见面讨论学生的学习情况，也没有类似于国内“家长会”那样的东西。学校会把成绩报告单直接寄给家长，家长有问题可以找学校的学生顾问，或者直接和老师约好时间见面。中学的成绩报告单没有小学那样详细，只列出学生修了哪些课、学分是多少、总评是多少。

既然连校董会、教育局局长都是家长的公仆，教师在家长眼中就更加不算什么了。在美国公立教育的早期，教师是由那些不到社会上抛头露面的有知识的家庭妇女担任的。这造成美国社会上的很多人看不起中小学教师。很多美国人认为，教师是那些没有能力成为工程师、医生、律师、会计师的学术上的失败者无奈的选择。他们这样的观点也影响了他们的子女，导致很多美国学生从一进教室开始就看不起教师，更加谈不上尊重了。再加上美国“建构主义”“以学生为中心”“不惜一切代价提升学生的自信心”等理论盛行，教师更加被推到低人一等的地位。因此，美国的家长经常怀疑教师的教学能力，他们甚至天天坐在教室里听课，希望找出教师上课时的差错，好向校区投诉。另外一些家长则认为学校应该为学生的一切行为负责，因此，学生跟不上教学进度，或不勤奋、不想读书、在课堂上捣乱、在家不听话、参加黑社会、吸毒等，都是教师的错。假如一位家长要求教师给他从来不读书的儿子 100 分，老师也必须照办，否则会吃不了兜着走。

但是，并不是所有家长都那么“关心”教育，不少家长把孩子送到学校后就什么都不管了，尤其是华裔移民学生的家长。这些家长走到了另外一个极端，实际上是放弃了公立学校家长的基本权利，这样做可能会危害其子女的权益。

美国加州旧金山公立学校的汉语教学标准

2001 年 3 月，美国加州旧金山公立学校董事会通过了该联合校区的汉语教学标准《学前班到十二年级汉语教学内容与操作标准》（英文全称是 Pre-K-12 Chinese Language Arts Content and Performance Standards）。这一汉语教学标准，可以说是在除使用汉语的国家与地区以外水平最高的。我作为汉语教学标准委员会的成员，参与了该标准的制定工作，现与国内同行分享一下我们的工作过程，也让国内对外汉语教学的同行了解一下美国在中小学汉语教学方面的最新动态。

一

1995 年，美国加州在州议会和州教育部的主导下，对全州的公立中小学提出了“标准化”的要求。长期以来，加州公立学校都是由各校区自行决定使用什么课本，对于所教的内容并没有统一的要求。这造成不少高中毕业生不会读报纸、不懂四则运算，这给大学带来非常大的压力，因为很多新生根本无法上大学的课程，还要补习中学甚至小学的课程。各企业的主管也对此极为不满，很多高中毕业生工作后看不懂说明书，无法理解工作的过程，不懂基本算术，企业要花很多钱去重新培训员工。对美国这样一个超现代化的国家来说，员工几乎是文盲这简直是不能接受的。所以，很多企业及高等学府花了大笔资金去游说州议会的议员以及州政府的官员，要求州政府尽快制定各学年、各学科统一的学术标准，组织全州统一的考试，以使全州各中小学的毕业生能达到同样的学术水平。他们的倡议得到了加州教师工会的大力支持。同时，州教育部还组织由部长带队的考查团到国外考察，他们去了欧洲几个国家以及亚洲的日本和新加坡。州教育部部长回国后，她在记者会上说，她“非常震惊”地发现，原来他们出访的所有国家都有统一的教学标准、统一的课本和统一的考试，各年级学生的学术水平也都是有保证的。在州长和州议会的支持下，“标准化运动”就这样轰轰烈烈地开展起来了。

这之后，加州教育部要求全加州的公立校区必须在一定的时间内根据州政府订立的各学科标准进行教学，并参加全州统一的考试，假如不执行的话，州政府就取消给该校区的预算拨款；假如该校区自行制定的标准跟州政府的标准一致或者要求更高，可以申请成为“挑战性校区”而不必按照州政府的标准进行教学。旧金山联合校区是最早提出“标准化运动”的校区之一，也是最早开始制定校区教学标准的，加州政府在制定英语和数学标准时，就参考了旧金山校区的标准。因此，旧金山校区自然就成为了“挑战性校区”，可以自行制定一些州里面还没有的教学科目的教学标准，汉语就是其中之一。

美国旧金山的华人非常多。目前，旧金山联合校区的五万多名中小学生中，34% 是华裔。为了使华裔学生能成为掌握双语、双文化的人才，校区决定组织一个委员会来制定一个高水平的汉语教学标准，使校区内所有的中文课程都统一在这个标准之下。从 1997 年开始，委员会就在校区的“课程发展与教师进修”办公室（现称“学术领导办公室”）的领导下，开始制定标准，个别学校甚至一边参与标准制定工作，一边按照标准的要求进行实验教学。经过三年多的努力，委员会终于完成了这一套厚达一百多页的汉语教学标准。

旧金山联合校区汉语标准委员会的成员是旧金山市内各中小学中

文课程的老师以及校区双语办公室的中文专员。有些成员拥有汉语言文学硕士学位，有些成员拥有多年汉语教学经验。

二

旧金山联合校区汉语标准委员会在开始制定标准之前，根据校区的教学历史和现状，经过民主讨论制定了几个原则：

第一，为了保证汉语教学的水平，标准要求学生经过从学前班(Pre-K)到十二年级共十四年的汉语教育后，汉语程度必须与中国高中毕业生相同或者仅低一到两年的水平。

第二，为了达到这个水平，标准中的全部内容都要参考州和校区的英语教学标准，再根据汉语的特点进行修改。原则就是：不把汉语当成“外语”，而把汉语当作跟英语地位相同的语言来学习掌握。选择学习西班牙语、法语、俄语、菲律宾语的学生在各自学习的语言上也要遵守同样的要求。

第三，长期以来，旧金山校区中文双语计划中的中文官方语言是粤语。虽然普通话是中国的官方语言，但标准不规定使用何种方言来教学。学校既可以使用普通话，也可以使用粤语。

第四，关于繁体字和简体字的问题，委员会通过了“写繁识简”的原则，即要求学生学习和书写繁体字，但同时能认读简体字。

第五，这个汉语教学标准必须是有美国特色的标准，必须符合本地学生的情况。

第六，在美国的英语教学中，小学和初中阶段的重点是语言的组成和语法规律，而高中的重点是语言的文学内涵以及文学性。因此，委员会决定，汉语教学的标准也要遵循同样的原则。

三

旧金山联合校区汉语教学标准包括三个部分，分别是阅读、写作与口语。每个部分有三个“内容标准”(Content Standards)，每个“内容标准”底下又分若干个“操作标准”(Performance Standards)，每个“操作标准”底下更细分为若干指标，供使用者参考。所谓“内容标准”是指学生必须掌握的知识内容，通常比较抽象。而“操作标准”是指学生在学习的时候必须要掌握哪些知识和技能，就比较实用了。

下面是这个教学标准的九个内容标准：

［阅读］

标准一：学生通过阅读一系列高质量、多元化以及来自不同文化的阅读材料，体验阅读的过程，并能提交对所读的内容已经理解的证据。

标准二：学生使用一系列阅读方法，理解、审阅并延伸多元化阅读材料的意义。

标准三：学生能根据不同的目的独立地进行阅读。这些目的包括：娱乐，进行美学上的欣赏，寻找资讯，理解内容，分析与评估。

［写作］

标准四：学生能针对不同的读者进行写作。

标准五：学生能针对不同的读者，使用一系列的写作技巧组织自己的观点和资讯，创作初稿并编辑和修改作品。

标准六：学生能使用正确的书写方式和书面语言来进行写作。

［口语］

标准七：学生能主动、全面并带有批判性地倾听不同的讯息。

标准八：学生能口头交流意见和信息，并根据目的和听众的不同，逐渐使用复杂的表达方式。

标准九：学生能有效地、具有创造性地进行人际沟通，参与各种讨论。

四

我们无法从上面这个内容标准中看到这份汉语教学标准的程度和内容是怎样的。我将标准的特点总结了一下，可以让读者更方便地了解。

第一，标准中明确规定了各年级的认字数和读书的册数。

标准里规定了从学前班开始到小学五年级，学生每一年要会说、会读写多少个汉字。比如，幼儿园学生要认识 120 个汉字，一年级学生要多认识 180 个汉字，二年级学生又要多认识 250 个汉字，五年级学生就必须认识 1400 个汉字了。标准里还明确规定了各年级学生要读多少本书：学前班的学生要读 100 本中文图书，从幼儿园开始，每年最少要读 50 本中文图书。标准还规定，所有学生都必须读过加州教育部出版的《学前班到十二年级中文阅读书目表》里列出的图书。加州教育部出版的这份书目表，除了包括反映中国传统文化的故事、传说、著名小说外，还包括了中国近代和当代著名作家的作品。

第二，标准中还包括了对书法学习的要求。

在这个标准的写作部分中，明确规定了从学前班开始每一个年级学生要学习的书法内容，从描红到临帖再到写各种字体都有规定。

第三，标准十分强调知识和技能的系统性与连贯性。

无论是语文知识、阅读技巧还是文学分析，标准都十分强调其系统性和连贯性。比如，在阅读标准中，9 年级的学习重点是阅读不同文体的作品（包括翻译成中文的其他国家的文学作品），10 年级的学习重点是阅读从 1911 到 1949 年中国著名作家的作品，11 年级的学习重点是阅读从 1950 年到 1980 年中国著名作家的作品，12 年级的学习重点是阅读从 1981 年到 2000 年中国著名作家的作品。又如，小学阶段要求学生懂得字跟词的区别，什么叫单音节词、什么叫多音节词，汉语跟英文的音节有什么不同；到了中学，就要求学生懂得运用“六书”的知识来分析和理解汉字的意义和用法。

第四，标准对文言文的要求不高，但更强调系统性。

由于在美国汉语学习的课时有限，学生无法花太多的时间去阅读文言文，因此，标准对文言文的要求也相对低很多。在小学和初中阶段，只要求学生读一些比较有名的古诗文。但是，到了高中，就要求学生用一个学期系统学习文言虚词、实词以及文言的特殊句法，同时让学生学习不同朝代著名文学家的作品。比如，在阅读标准中就提到，学习文言文时，春秋战国阶段重点介绍孔子、孟子等的论文，秦汉阶段重点介绍《史记》等记叙性的文章，魏晋南北朝阶段重点介绍陶渊明的作品以及《孔雀东南飞》《木兰辞》等，唐宋阶段重点介绍著名的唐诗和宋词，明清阶段重点介绍明清小说。这样，学生不仅学到了文言文的基本知识，也对中国的历史有了初步的了解。

第五，标准对修辞和文学分析的要求非常高。

美国的中小学生在学英语时，必须掌握非常深奥的修辞手法，具备一定的文学分析能力。标准要求学生的汉语学习必须向英语标准看齐。因此，标准不仅要求学生懂得分辨和应用基本的修辞手法，如比喻、夸张、拟人、排比、借代等，还要求学生掌握在英语学习里比较常见、在汉语里也会偶尔出现的一些比较高级的修辞方式，比如拈连、移情、移就等。在文学分析方面，小学生要知道故事的时间、地点、人物，矛盾的发生、高潮和结局；中学生要懂得分析人物的性格特点，环境如何衬托人物的心情，矛盾的主线和副线分别是什么，人物内心的冲突等；高中生要懂得分析、比较和评估同一个作家写的相同或者不同风格的作品所反映出来的时代背景以及文学元素，像使用的语言、修辞手法和处理情节的方式等。例如，学习了鲁迅的小说后，学生必须能找出《社戏》《故乡》《风波》这几篇小说的共同点以及小说的色调。

第六，标准比较强调口头表达能力。

美国的教育非常强调学生的口头表达能力。我们在旧金山看电视的时候，经常看到英文电视台的记者在街上采访，记者随便截住一个路人让他发表对某件事的看法，这个路人都可以口若悬河、头头是道地讲一大通。因此，我们这个汉语教学标准也十分强调培养学生的口头表达能力。从聆听并了解对方的观点，到声情并茂地朗读课文、把一个故事改编成话剧演出，再到参加小组讨论然后作公开的演讲，每个阶段都有不同的要求。

第七，标准比较强调对新技术的应用。

传统的汉语教学基本上就是老师拿着一本书、一支粉笔完成的。然而，在 21 世纪，学生需要懂得如何在学习过程中应用高新技术。因此，标准中有要求学生从电子媒体中查找参考资料的，有要求学生使用多媒体做报告的，有要求学生把话剧制作成电视剧的，也有要求学生使用互联网进行项目合作和建立数据库的。在美国，电脑十分普及，电子设备相对来讲价格也比较低廉，因此，学生如果在学习汉语的过程中可以使用各种高新技术，可以使学习的兴趣更浓厚。

综上所述，旧金山联合校区的汉语教学标准，是美国汉语教学的一个大胆尝试，目的是使所有学习中文的学生不再将中文当成一门“外语”，希望所有的高中毕业生都拥有跟中国的中学毕业生相当的中文程度。这个尝试目前已经在一些一直按照新标准要求学生的学校初见成效：旧金山有五个学生在中国的第五届“圣陶杯”全国中学生作文竞赛中分别获得了一、二、三等奖；近几年，从林肯高中汉语班毕业的学生，无论是在美国出生长大的还是从中国来的移民学生，全部都取得了 SAT 中文考试满分或者接近满分的好成绩。可以预见，在不久的将来，随着校区汉语课程大纲的制定和课本的统一，旧金山公立学校的中文教育将会更有竞争力。

从高中语文阅读的课程标准，看中美课程标准的异同

一

美国加州旧金山的汉语教育水平是全美最高的。旧金山联合校区在制定汉语课程标准的时候，就已经明确了一点，那就是不把汉语当“外语”，而是把汉语当成“第二语言”，也就是按照与学生的母语同等地位来要求。因此，若要比较中国和美国的高中汉语课程标准，用旧金山的课程标准最为合适。我们先来看看中国的高中语文新课程标准对阅读有哪些要求。

必修课程·阅读与鉴赏

1. 在阅读与鉴赏活动中，不断充实精神生活，完善自我人格，提升人生境界，逐步加深对个人与国家、个人与社会、个人与自然关系的思考和认识。

2. 发展独立阅读的能力。从整体上把握文本内容，理清思路，概括要点，理解文本所表达的思想、观点和感情。善于发现问题、提出问题，对文本能作出自己的分析判断，努力从不同的角度和层面进行阐发、评价和质疑。根据语境揣摩语句含义，运用所学的语文知识，

帮助理解结构复杂、含义丰富的语句，体会精彩语句的表现力。

3. 注重个性化的阅读，充分调动自己的生活经验和知识积累，在主动积极的思维和情感活动中，获得独特的感受、体验和理解。学习探究性阅读和创造性阅读，发展想象能力、思辨能力和批判能力。

4. 能阅读论述类、实用类、文学类等多种文体，根据不同的阅读目的，针对不同的阅读材料，灵活运用精读、略读、浏览、速读等阅读方法，提高阅读效率。

5. 能用普通话流畅地朗读，恰当地表达文本的思想感情和自己的阅读感受。

6. 学习鉴赏中外文学作品，具有积极的鉴赏态度，注重审美体验，陶冶性情，涵养心灵。能感受形象，品味语言，领悟作品的丰富内涵，体会其艺术表现力，有自己的情感体验和思考。努力探索作品中蕴涵的民族心理和时代精神，了解人类丰富的社会生活和情感世界。

7. 在阅读鉴赏中，了解诗歌、散文、小说、戏剧等文学体裁的基本特征及主要表现手法。了解作品所涉及的有关背景材料，用于分析和理解作品。

8. 学习中国古代优秀作品，体会其中蕴涵的中华民族精神，为形成一定的传统文化底蕴奠定基础。学习从历史发展的角度理解古代作品的内容价值，从中汲取民族智慧；用现代观念审视作品，评价其积极意义与历史局限。

9. 阅读浅易文言文，能借助注释和工具书，理解词句含义，读懂文章内容。了解并梳理常见的文言实词、文言虚词、文言句式的意义或用法，注重在阅读实践中举一反三。诵读古代诗词和文言文，背诵一定数量的名篇。

10. 具有广泛的阅读兴趣，努力扩大阅读视野。学会正确、自主地选择阅读材料，读好书，读整本书，丰富自己的精神世界，提高文化品位。课外自读文学名著（五部以上）及其他读物，总量不少于150万字。

11. 注重合作学习，养成互相切磋的习惯。乐于与他人交流自己的阅读鉴赏心得，展示自己的读书成果。

12. 学会灵活使用常用语文工具书，利用多种媒体，搜集和处理信息。

二

旧金山的汉语课程标准是分年级的，不同的年级有不同的要求，而且要求非常详细。首先，它分成“内容标准”和“操作标准”两部分。内容标准比较简单，是对学生必须掌握的知识和技能的基本要求。在阅读方面，内容标准有三项：

标准一：学生通过阅读一系列高质量、多元化以及来自不同文化的阅读材料，体验阅读的过程，并能提交对所读的内容已经理解的证据。

标准二：学生使用一系列阅读方法，理解、审阅并延伸多元化阅读材料的意义。

标准三：学生能根据不同的目的独立地进行阅读。这些目的包括：娱乐，进行美学上的欣赏，寻找资讯，理解内容，分析与评估。

在每一个内容标准下面，都有适用于各年级的、十分详尽的操作标准。以标准二为例，什么叫“一系列阅读方法”？操作标准里就说得很清楚。让我们看看九年级的其中一个操作标准：

操作标准2.1：灵活运用阅读技巧，构建文本的意义。

2.1.1：对阅读内容做戏剧化处理。

2.1.2：做出、证实或修改对阅读内容的猜测。

2.1.3：复述，或选择性地缩写，以表现文章的主题。

2.1.4：把故事与背景知识或个人经历联系起来。

2.1.5：独立阅读与本年级或更高年级程度相当的读物，理解其文学意义和引申的意义。

2.1.6：使用图形分析器（如时间线、立体时间线、情节档案、故事关系图和社会关系图等）来反映自身与文本的文学互动以及对文本中复杂关系的理解。

2.1.7：在不同类型的小组活动中进行小组阅读。（包括但不限于下面的类型：教师指导下阅读、配对阅读、互换教学以及文学沙龙等）

2.1.8：在阅读文学作品的过程中理解环境、复杂的角色与事件。

2.1.9：能独立阅读不同的文本。

2.1.10：能使用关系图描述小说情节中的复杂元素（如时间、地点、主要的事件、矛盾和解决方式等）及人物性格的发展。

2.1.11：熟练地应用阅读策略，比如句读方式的判定（断词法）、语境提示、重读、自我改正、与他人一起阅读、预测、提问、澄清以及总结。

2.1.12：能回答以特殊疑问句形式提出的问题。

2.1.13：比较两个故事，分析其中文学元素的异同。

2.1.14：找出主旨句，指出文章的中心思想和支持论点的论据。

2.1.15：能认识不同作品形式的结构，了解其功能。

2.1.16：能带着特别的目的（如理解情节、收集资料或解读资料）进行阅读。

2.1.17：做出并改写自己对文本的解读。

2.1.18：确定并评估作者的立场和文章的主题。

2.1.19：为故事写一个不同的结尾，并评估这个不同结尾对文章主题的影响。

2.1.20：澄清字词的意思。

2.1.21：能指出下列修辞手法在文中的意义，包括比喻、拟人、夸张、类比、对仗、设问、疑问及反问等。

2.1.22：挑战文本，包括赞成、反对、疑问、争论、推荐等。

2.1.23：使用汉语字词和句子结构的知识对文本进行加工（如扩写、缩写），以进一步深化文体主题。

2.1.24：能认识字音、字义，知道各个修辞手法之间的联系，对文本进行多重解读。

2.1.25：认识并处理阅读中产生的歧义问题。

2.1.26：针对文本的主题进行反思。

2.1.27：理解文章的次序，如按时间发展的顺序、逻辑关系的次序以及重要性的次序。

2.1.28：认识并能解释重要的成语、常用语、谚语及歇后语。

三

对比上面列出的中美汉语课程标准的部分内容，我们可以发现以下几点：

第一，两国的汉语课程标准对高中生的阅读要求非常相似，基本上都要求学生做广泛阅读（阅读不同文体的作品），掌握阅读技能（达到能通过各种方法有效率地弄懂文本意思的地步），通过阅读来培养理解、应用和评估文本内涵和外延的能力，并通过掌握其中的文化成分培养审美情感。

第二，两国的汉语课程标准都要求学生通过阅读发展批判性思维和创造力。但是，美国的汉语课程标准在这方面规定得比较具体。比如，“为故事写一个不同的结尾，并评估这个不同结尾对文章主题的影响”，就比“用现代观念审视作品，评价其积极意义与历史局限”或通过合作学习来“展示自己的读书成果”更具体，也更能培养学生的创造力。对作品的评价，中国的汉语课程标准只是泛泛地提出“评价”，但美国的汉语课程标准不但指出了“挑战文本”，而且还提出了可以采取的做法。

第三，中国的汉语课程标准中出现了一些概念，但具体该如何做，或者要不要做，并没有写出来。而美国的汉语课程标准在“形式训练”方面的要求说得非常详细。例如，在中国的汉语课程标准中，提到“能感受形象，品味语言，领悟作品的丰富内涵，体会其艺术表现力……”然而，老师要如何知道学生已经能“感受”，会“品味”，能“领悟”了？通过哪些测试方式，能发现学生对于这几项要求的掌握程度？美国的汉语课程标准这种概念性的东西就说得比较具体。比如，什么叫“会品味”？美国的课程标准明确提出要求学生认识并能解释重要的成语、常用语、谚语及歇后语的意思。

最后，在美国的汉语课程标准里，光是要让学生达到“灵活运用阅读技巧，构建文本的意义”这看起来非常普通的要求，在一个年级就定出了 28 条操作标准。对于在中国学习汉语的学生来说，这些标准有些是随着年龄的增长，能渐渐掌握的，不一定需要老师教；可是，有一些标准，却是必须通过老师教才能达到的。比如，如何“对阅读内容做戏剧化处理”？如何指出修辞手法在文中的意义？这些都不是学生生来就会的，必须跟着老师学习才能掌握。当然，某些阅读面广、阅读量大的学生，在理解文本时，就已经掌握了这些阅读策略。但是，假如学生的阅读面不广、阅读量不大呢？老师再不教，岂非远远落后同年级的同学一截？

总的来说，美国的汉语教学课程标准充分体现了阶段性和连贯性，而且更具操作性。但是，因为是“第二语言”，所以可能不如中国汉语教学要求的程度高；另外，也没有中国的汉语课程标准那么重视文化。

看到这里，我们不禁要问：中国的语文教育有更长的历史、更深厚的知识和文化底蕴，为什么课程标准的操作性竟然没有美国的汉语教学课程标准强呢？我认为，有两个原因。

第一，在美国参与制定汉语教学课程标准的基本都是在第一线教学的教师，他们知道制定一个“拿起来就能应用”的标准的重要性，因此，特别强调操作性和测量方式。每制定一条标准，他们都要问这样一个问题：“我怎么知道学生已经学会了这条标准要求的内容？我通过什么方式可以测量出来？”

第二，旧金山的汉语教学课程标准是参考了美国英语教学课程标准制定出来的。虽然汉语和英语的语言结构完全不同，但语言学习规律却是一样的。美国的英语教育在培养学生的听、说、读、写能力方面，取得了巨大的成功，其原因之一就是采用了操作性非常强的课程标准和教学方式。这种科学化、系统化、连贯性的语言教学方式，完全避免了让学生自己摸索、“感悟”或者是教师“只可意会，不可言传”的现象。

美国的母语教学是什么样的

美国的公立教育十分重视母语（英语）教学。学生从进入幼儿园起一直到高中毕业，每天都至少有一个小时的母语学习时间。甚至到了大学，一年级和二年级学生仍然有英语必修课，假如英语统考不及格，是无法从大学毕业的，要重考或者读其他英语补习课程。很多大学还把英语的八股文写作规定为研究生入学的考试科目，假如无法通过，就不能被录取为研究生。

美国的母语教学主要分为阅读、写作、文学欣赏、古英语和口头表达几个部分。目前，全美有 37 个州都根据美国联邦政府的《不让一个孩子掉队法》制定了母语教学的课程标准和统考，因此，在全美各级学校，母语教学的内容基本上是一样的。

一

在美国，小学母语教学的主要任务是培养学生的阅读能力和基本的写作能力。小学低年级开始进行拼音（phonics）教学。拼音教学主要是教授学生一些英语（美语）拼写规律，让学生可以看到一个英语单词就能读出来，或者想到一个单词就能按照规律拼写出来。另外，教授学生一些基本的读音规律，让学生集中学习大量单词。例如，学习“at（在）”时，老师会同时教 bat（蝙蝠）、cat（猫）、fat（胖的）、hat（帽子）、mat（垫子）、pat（轻拍）、rat（大老鼠）等读音相同的词。当学生看到具有同样规律的 chat（聊天）或者 flat（单调的）时，就能读出来了。

通过这种拼音教学法，学生们到了二年级时已经掌握了大约五千到六千个英语单词，读一些简单的儿童书籍已经不成问题。从小学二年级开始，学生就要学习写段落和文章了。二年级和三年级的学生都不需要写全篇的文章，只需要写段落。能写一段话，能完整讲出一个故事，或者说明一个事实，就已经足够了。

与此同时，学生还要接受阅读理解方面的训练。小学阅读理解训练大致分为两个阶段。第一个阶段是“解码和理解”（decoding and comprehension）。“解码”是最原始的阶段，在这个阶段中，学生必须能把句子里的每个单词都正确地读出来，并知道每个单词的意思。然而，知道每个单词的意思不见得就能明白整句话的意思，更不见得能理解一个段落或者一篇文章的意思。所以，“理解”就是训练学生理解句子和文章的意义。“理解”的训练包括认识句子结构、掌握知识、认识语境以及掌握阅读提示等。每个步骤都涉及非常专业的阅读发展理论和相应的教学法。但即使全美国的小学英语老师使用的课本都不一样，他们在教室里教的东西却基本上是一样的，因为他们在考取教师执照时接受的阅读教学法训练都是一样的。“解释和理解”训练大概在小学二年级完成。

第二个阶段是应用（application)、合成（synthesis) 和评估(cvaluation)。在这个阶段，要开始培养学生的批判性思维。在“应用”方面，学生必须能通过阅读找到自己需要的资讯，然后加以运用。例如，学生看一份烘焙蛋糕的说明，能自己动手，加入不同的材料，调节烤箱的温度，做出一个蛋糕。在“合成”方面，学生必须能在阅读时找到各种资讯，然后筛选出对自己有用的部分，做出正确的判断。例如，从甲地到乙地旅游，既可以参加火车团，也可以参加飞机团，但所看到的东西、花费的金钱、所住的酒店和行程都有差别。学生必须能根据某个条件（比如预算在多少钱以内），在阅读了全部资讯后，通过分析和综合，找到最适合自己的旅行团。在“评估”方面，学生必须能在阅读后，根据自己的评估原则或者客观的评估原则评估自己阅读的文章的好坏。

二

虽然中学生的阅读量更大了，但因为已经在小学训练过阅读技巧了，所以，中学阶段母语教学的重点在于八股文的写作训练、文学欣赏、古英语以及发展口语能力。

美国的母语教学中，除了教学生写信外，没有应用文写作的内容。美国学校不教学生写通告、合同、声明、会议记录、调查报告、新闻报道、借条、请柬、讣告之类的东西。美国人可能认为这类东西属于律师的职责范围，只有律师写出来的才符合法律要求，中小学生没有必要学写这样专业的应用文。

从小学高年级开始教授写文章的第一天起，一直到大学的最后一门英语课，八股文的写作训练一直在进行。这是美国母语教学中最最重要的部分。从前，托福和其他一些针对外国人的英语考试中并没有将写作（也就是八股文写作）规定为必考项目，结果，中国学生到了美国读大学后，最让大学教师们感到头疼的问题就是中国留学生不会写八股文。目前，在美国各所大学强大的压力下，大学考试委员会终于在新的托福考试、GRE 考试甚至 SAT 考试中将八股文写作规定为必考项目了。

美国英语的八股文写作有两个特点。第一，是规定了文章的种类，包括叙述性文章（记叙文）、说明性文章（说明文）、定义性议论文、比较性议论文、分析性议论文、反驳性议论文和评估性议论文。学生在考试的时候，不可以写其他文体的作文，比如诗歌、剧本、小说、应用文、散文等。

第二，八股文的格式要求非常严格，假如格式错了，不管内容如何，都肯定不及格。我参加过统考八股文的改卷工作，曾经创造了一分钟改五十多篇作文的纪录，原因无他：那些作文格式都不正确，全部不及格，根本不必细看内容。简单来说，八股文的格式是这样的：

开头引入段：

① 交代文章的背景。只能用下面的开头方法：故事式、疑问式、叙述式和反问式。

② 用一句话概括作者的所有论点。

中间段：

① 在段落的开头，用一个主题句把每个分论点交代清楚。

② 假如是议论文，使用例证和分析推理等论证方法进行论证；假如是记叙文，在中间段交代矛盾的产生、发展和高潮。

③ 假如是议论文，分析完每一个论点后要做最后的强调。

结尾段：

① 假如是记叙文，要说明矛盾的解决方式并突出主题。

② 假如是议论文，要再次概括作者的主要论点，并提出做法。

美国高中对八股文的字数要求是，全文至少有五个段落，每段至少有八个句子。

文学欣赏方面，主要是要求高中生对某个时代的作家有一个比较深刻的认识，包括作家的生活和写作经历，作品的风格和文字特点，作家对人物、环境的塑造方式，作家对故事情节的安排及作品所反映的人文精神等。另外，作品的不同文学形式也在研究之列。比如，诗有什么特色？不同时代、不同国家的诗各自有什么特别的地方？使用修辞和特殊的句子结构能起什么作用？这些都是文学欣赏讨论的内容。学生从初中第一年就开始看小说的原著，而且，每个州的教育厅都为学生准备了必读书目。

美国的中学英语课本通常是精装的，经常有几千页，非常厚、非常重。有的课本是按照文体分类，把同一个文体的文章放在一起；有的是按照作家分类，把同一个作家有代表性的文章放在一起。但是，因为课本篇幅有限，每个作家只能选入一到两篇比较短的作品，所以，老师通常会规定学生在课外阅读该作家的代表作，如小说或者诗集的原著，加起来的阅读量是相当大的。

美国母语教学的古英语主要是学习从莎士比亚时代开始到 19 世纪英美重要作家的戏剧、诗歌及散文的用词、句子结构和修辞方式。这部分内容主要是知识性的，并不要求学生能不借助工具书，具备阅读简单古英语的水平，考试也不会出一段古英语让学生翻译。但是，要求学生在学完以后，能写一篇议论文，回答一些有关修辞方式、写作方式的问题。

美国母语教学的口语训练主要集中在以下几个方面。

第一，是自我表达的训练。这项训练包括流利地朗读课文、流利地背诵文章、有表情朗诵及“解释性口语表达”(interpretative oral expression)。所谓“解释性口语表达”，是指学生在拿到一篇文章后，可以通过朗读把作者的感情和文章的情绪表现出来。如果是一个演讲稿，学生可以通过演讲时的语气，把稿件中的思想感情充分表达出来，跟听众有密切的交流；假如是一个剧本，学生能通过口头表达，把人物的性格充分表现出来，即使不看学生的样子，一听声音，就能知道是故事中的哪一个角色在说话。

第二，是在小组中的口头表达训练。这项训练包括在小组中，倾听别人的发言，总结别人的观点，发表自己的意见，口头分析、评估并反驳他人的观点。

第三，是在全班甚至更多人的环境中的口头表达训练。进行这项训练的目的，是让学生一上台，就能当着几百人的面口若悬河地就一个议题说上几分钟。

美国的教师鼓励学生在上课的时候想到什么就说，有问题就问，无须举手，也无须起立。这对培养学生的口头表达能力也起到了促进作用。

美国公立教育在创立初期，对于学生语文能力的最低目标是“让所有有投票权的公民都认字，能明白提案的内容，做出经过思考的选择，投下有意义的一票”。经过两百年的发展，美国公立教育对学生语文能力的要求已经远远超过当时的最低目标了。有趣的是，美国的母语课名称也不叫“英语”，而是叫“英语语言艺术”(English Language Arts)。或许，这可以给我们的语文老师带来一点儿启示。

美国教师如何组织小组合作学习

对很多国内的教师和学生而言，小组合作是一个比较新颖的课堂形式，很多教师不知道该如何做。不少人认为，小组合作就是把学生分成若干个小组，给他们安排一个任务，或者让他们讨论若干个问题。然而，大部分教师很快就会发现，这样做会带来很多问题。例如，几十个学生在一起上课的时候，课堂秩序良好，教师讲课和学生回答问题都很有条理。可是，一旦把学生分成小组，教室里面就吵得像个集市，课堂纪律难以管理。另外，小组讨论的时候，学生都没有话说，不知道该如何开展讨论，还不如老师在上面提问题、学生在下面举手回答问题效率高。最让人头疼的是，小组里能力强的学生把所有的任务都完成了，能力差的学生只管抄作业，到头来什么都没有学到。

我想介绍在美国教学时一些常用的小组合作模式，让国内的语文教师对小组合作有一个初步的了解，从而更有针对性地解决上面提到的问题。

一、小组的种类

小组可以分成不同的类型，下面表格中列举的是我在汉语教学中经常用到的。

表 3-1

类型	组织方法	目　的
“同伴”系统	把学生两两配对，一个程度高一点儿，一个程度低一点儿。在某些学习活动中，还可以让男生跟女生配对。	创造机会让不同学习能力的学生互相帮助，互相学习。
写作编辑小组	把两到四个学生分为一组，让学生交换批改各自的作文。在分组前，教师通常要示范怎样批改作文才更有建设性，同时，还必须带领全班学生学习批改这篇作文的具体标准，否则，学生会不知道从何处着手，也无法让所有学生的作文都得到高质量的评估。	培养学生独立编辑作文的能力；帮助学生提高作文水平；让更多的人看到学生的作文，不仅可以让学生得到对自己文章的具体反馈，还可以让学生的作文更加有意义。
文学欣赏小组	教师先要示范读完一篇文学作品以后的几种回应方式，并强调哪些是可以接受的（如总结、分析、评估、反驳等），哪些是不可以接受的（如重抄一遍故事，灌水：“很好！”“我喜欢！”等）。然后，根据学生的背景和学习能力，将四到六个学生分成一组，让学生针对大家共读的一篇文章作出回应。回应的重点是每个人对文章的感觉，然后才是文章的结构和形式。	帮助学生运用背景知识对文章作出回应；帮助学生了解，对同一篇文章，有不同生活经历或不同生活背景的人，会有不同的理解；让学生学会独立欣赏文学作品。
口头报告小组	教师提供一个有争议的题目，或者一个每个学生都有话可说的问题（例如：给你一百万，要你在七天内用完，你会如何用？），让学生在小组里发表各自的观点；然后各小组分别选出一个口头报告员，向全班汇报小组成员的观点。	培养学生的口头表达能力，培养学生倾听和总结他人观点的能力以及即兴演讲能力。
协作性小组	学生在分组的时候，每个小组成员都很明确自己的角色和责任；每个小组成员都必须贡献出自己的聪明才智，才能完成一项艰巨的任务。	培养学生的创造力和主动学习能力；通过小组合作，培养学生合作解决问题的能力。

二、小组学习模式的形成

从上面的分类可以看出，不是所有小组都具有“协作性”的功能，由于教学的目的不同，小组的形式也不同。很显然，协作性小组是所有小组中级别最高的；同时，从定义上我们也看得出来，光把学生分成小组，是无法被称为“协作性小组”的。学生在形成协作性小组前，必须对小组的学习模式有一定程度的体验，否则，学生就不知道如何合作解决一个问题。因此，教师在要求学生进行小组合作学习之前，应该创造机会让学生体验小组学习的模式。在美国的小学，因为全天的教学活动几乎全是由小组合作完成的，所以，教室里面的桌椅都是以一个个小组的形式放置的。在初中，小组合作仍然很普遍。但是到了高中，小组合作已经不是课堂教学的主流了，桌椅也不一定是按照小组的形式来放置。然而，通常每个学生都知道自己属于哪个小组。当教师要求学生进行小组活动的时候，全班学生都能在最短的时间内把教室里的桌椅摆成一个个小组，然后进入学习状态。

三、合作学习的方法

“合作学习”是一种教学组织技巧，目的是让学生在小组里通过合作学习，达到学术性和社会性的学习目标。

合作学习的第一步，是建立混合性的小组。小组的成员，要么是教师随机安排的，要么是教师根据学生的程度、背景、性别、成绩等混合安排的，务必使每一个小组都有不同背景和能力的学生。

合作学习的第二步，是在小组里设立不同的角色，比如记录员、口头报告员、资料管理员、时间记录员和组长等。而且，必须经常轮换各自的任务，以避免工作总是由会做的人做、有些学生则常常偷懒的现象。

合作学习的第三步，就是培养合作小组的合作能力了。所谓合作小组的合作能力，就是让所有学生都知道，要让一个小组取得好成绩，小组里的每一个人不但要做好分内的工作，还必须关心小组里其他人的工作情况。合作能力的培养是分阶段的。正如上面提到过的，可以先从“同伴系统”开始，然后进行一些协作性不太强的小组活动，最后再进化到协作性小组。这个过程可以分为下面几个阶段。

首先是“彼此熟悉”阶段。在这个阶段，小组的成员开始互相熟悉，了解彼此的长处和短处，并且学会如何解决冲突。老师需要为学生学会如何对自己和小组中其他成员的言论和行为负责提供机会。教师组织“写作编辑小组”就是为学生提供机会。另外，还有一种被称为“交叉阅读”的阅读方式，也可以为学生提供这样的机会。“交叉阅读”是指教师把一篇长文章分成几个部分，小组里的每个成员读其中一部分，然后把自己读的内容在小组里面讲述出来，最后整个小组一起讨论，看看是否能领会整篇文章的内容和中心。

然后，小组可以进入“提供产品”阶段了。在这个阶段，因为小组成员已经彼此熟悉，了解了彼此的长处和短处，因此，当小组接到一个任务的时候，小组就可以根据每个成员的能力分配任务。“文学欣赏小组”和“口头报告小组”都是能在这一阶段发挥作用的小组形式。

最后，小组合作的最高境界就是具有自主独立性的“协作性小组”。在这个阶段，小组成员基本不需要老师分配任务或者提供额外的帮助。他们可以自己寻找需要合作完成的学习任务或者议题，并且能主动根据成员的不同能力分配任务，同时还能通过互相帮助，让能力不足的成员在活动中提高自己的能力。

四、总结

综上所述，小组合作在一定程度上培养了学生的自主探究和相互协作的精神，对解决语文教学中老师“一言堂”的问题也有一定的帮助作用。但是，小组合作也有它的缺点。

首先，美国的课堂能实行小组合作的最主要原因是每班的学生人数不超过 35 人，一些州的小学低年级和高中低年级更实行小班制，限制班级人数在 20 人以下，因此，教师可以给予各小组充分的关注和指导。国内的部分学校班级人数超过 40 人，若实行小组合作，在桌椅摆放和教师分配给学生的时间方面都会存在比较大的问题。

其次，小组合作通常跟探究性学习或信息技术整合分不开。这对老师在教学法方面的训练和学校的软件（如图书馆）以及硬件（如电脑设备）的配备，都提出了很高的要求。假如流于形式，小组合作学习很容易演变成“学生分组学习”，那样就无法实现小组合作学习的真正目的。

最后，美国的学校普遍没有国内的学校那么大的升学压力，教师对课程的处理自由度也比国内大得多，因此，教师经常可以进行比传统教学方式要花费更多时间的小组合作学习或者探究式学习。老师上课时自己讲，然后让学生回家背，第二天回来考，这种授课方式大概用五十分钟就可以教会学生某个知识点。但是，若使用小组合作学习，学生大概要花几倍到十几倍的时间才能掌握同样的内容。当然，学生一旦掌握了这些内容，就很难忘掉了，因为这是他们自己发现并学会的。

因此，如何处理小组合作学习和传统教学方之间的矛盾，可能需要我们一线教师在实践中继续探讨。

沦为错误教育理论牺牲品的美国数学教育

美国中小学生的数学能力差已经是一个众人皆知的事实。美国各所大学的教授发现，要为刚入学的新生开办数学补习班，否则他们就无法上大学程度的课程；高中的老师发现，很多从初中升上来的学生不会背乘法表；初中的老师发现，很多从小学升上来的学生没有加法和减法的概念……2003 年，加州教育部做了一个调查，发现全加州 80% 的高中毕业生无法通过“加州高中数学毕业考试”。最近，加州教育委员会被迫把原定在 2004 年全加州的高中毕业生只有通过“加州高中毕业考试”才可以得到高中毕业文凭的规定延迟两年实行，以避免因大量学生无法得到高中毕业文凭而引起的法律诉讼。

在过去的二十多年里，美国中小学生的数学能力在国际上始终处于下游。美国有一半的八年级（相当于初中毕业）学生升到高中后无法应付代数等较高程度的数学课程。虽然在过去的十年里，美国的四年级和八年级学生在“全美教育进展评估”（National Assessment of Education Progress）中成绩呈稳定上升态势，但在国际评比中的表现却始终落后。例如，在 1996 年的“第三届国际数学与科学研究”（the Third International Mathematics and Science Study）的评比中，美国只有四年级学生的成绩高于各国平均成绩，但是，当这些学生升上八年级以后，在 1999 年同样的评比中，成绩就远远落后于亚洲和欧洲的学生了。

美国中小学生数学能力差，主要原因在于美国数学教育理论的混乱，各师范大学在训练准教师的时候，传授存在严重问题的教学法，导致教师在教学时无所适从。再加上美国数学能力强的大学生大多攻读薪水更高的工程、技术、计算机等专业，导致从事数学教师职业的人数学能力本来就不是很强。本文将介绍美国两大数学教育理论派别的争论，分析其中的弊端，希望我们自己的数学教育不会重蹈覆辙。

美国公立数学教育理论混乱，全美数学教师协会（National Council of Teachers of Mathematics）难辞其咎。全美数学教师协会成立于 1920 年，拥有十多万名会员，在美国和加拿大有超过 250 个分支机构。全美数学教师协会成立时的宗旨是领导数学教学，拓宽数学教育视野，以确保所有学生都能接受高品质的数学教育。为了达到这个目标，全美数学教师协会制定和出版了学校数学教育的原则和标准，同时，举办年会和相关活动，创办专门的网站，为数学教师提供专业进修课程、训练和赞助经费，并与政府和立法机构对话，直接影响全美各地的数学教育政策。

长期以来，美国公立数学教育大致分为传统派和新数学派。前者强调基本的数学演算能力，比如背诵乘法表、熟练掌握心算和基本计算能力等；后者主张在教授学生基本的数学运算能力前，先帮助学生加强对数学的理解能力，帮助学生建立数学概念。

传统派理论认为，数学是一门循序渐进的学科，学习每一级概念，都必须有前面一级坚实的数学基础做保障。比如，没学好加减，就学不会乘除；没学好分数，就无法学代数。只有通过大量的练习和解题方法的训练，才能提高学生的数学学习能力。传统派理论认为，新数学派让学生花很多时间学习一些看起来很花哨的东西，却忽略了学生的基础知识。

新数学派理论认为，传统派理论割裂了数学知识之间的联系。他们还认为，数学概念没有等级之分，小学一年级学生既可以学代数；

也可以学数论，只不过学习的难易程度不同而已。另外，教师在教学的时候，不应该把数学概念的来龙去脉和解题方法告诉学生，而应该让学生自己去寻找。教师应鼓励所有虽违反传统但概念正确的解题方法。假如学生自己寻找到了数学定律和公式，根本就不需要进行大量的解题练习。同时，新数学派理论认为，传统数学教育脱离实践，让学生整天在课堂上用一支笔和一张纸来计算，社会上对数学的应用，学生一概不知。因此，新数学派理论主张开门办学，让学生参与社会实践，在社会中学习数学。新数学派创立了很多让传统派无法接受的新型教学法，比如，主张每个年级的学生都由浅入深学习一点儿计算、代数、几何、逻辑、集合等方面的知识；主张小学生不必学习分数的通分和四则运算（因为可以用计算器）；主张学生学几何的时候就到操场上去量度几何图形，组织学生设计一个由几何图形构成的未来城市；主张在小学阶段就向学生介绍数论、统计、集合等以往上大学时才会接触的数学概念。

十几年来，两大数学教育派别各自拥有自己的支持人士和政府的支持，彼此相持不下。两派争议的焦点在于，数学要如何教才能使学生拥有基本的数学能力，并能顺利地衔接进阶的数学课程。新数学派的支持人士认为，美国学生在实施新数学教学法后数学成绩已经有所进步，而且新数学教学法自实施以来并没有出现什么失误，因此，新课程显示出了正面的效益，应该让学校继续支持新课程，进一步提高学生的数学能力。但是，传统派则认为新数学派教学法未能让学生熟悉基本演算，导致学生数学能力低下。一个名叫“数学正确”(Mathematically Correct) 的组织，反对新课程最为激烈。该组织的创办人之一，布朗大学教授迈克尔·麦基翁（Michael McKeowen）表示:“现有的研究经常运用偏激或者师资不佳的控制组来得出结论，这无法证明新数学派比传统派优越。”

两派在理论上都无法说服对方，导致地方校区无所适从。主持美国联邦教育部外围研究机构教育科学学院（Institute of Education Sciences, IES）的格罗弗·怀特赫斯特（Grover Whitehurst）在答复校区主管的询问时表示，目前还没有对全面适用于中小学数学课程标准的严谨的研究，而且，目前相关的研究文献也没有对两种课程下的学生成绩作出充分的比较分析研究。但事实上，由于全美数学教师协会公开推荐新数学派并建立以新数学派理论为基础的新课程和评估标准，美国大部分地区的公立中小学已经长期使用新数学派的方法进行数学教学了。

无情的现实告诉大家，美国学生的数学能力持续下降是毋庸置疑的。美国教育界对两大数学教育派别学者的互相批评已经越来越感到不耐烦。宾夕法尼亚州州立大学教授罗杰·肖斯（Roger Shouse）就公开撰文表示对数学课程改革的失望。他认为，数学教育的根本还在于师资，师资质量决定了数学教育能否取得成功。他同时指出，传统派并非完全将现实生活中的数学概念抽离或者只重记忆、不重理解。假如把学生交给优秀的数学老师，配以架构观念和基本演算互相融合的课程，学生绝对可以学得更好。

美国政府最近明确表示，将大力支持数学教育研究，以提升学生的数学和科学教育质量。美国政府除了肯定数学教育研究的迫切性并拟定提升数学、科学教学品质和学生成绩的“五年计划”外，还采取了一连串的行动：教育部部长提出了一个一亿两千万美元的数学教育研究方案，作为“五年计划”的第一步。同时，美国政府在2002年底还提出了四十万美元的奖励计划，帮助数学教师提高数学教学能力。

最近，美国政府和相关的学者专家都认为美国两大数学教育派别的争论白白浪费资源和时间，让学生成为牺牲品，希望两派能互相配合，达成共识。

综上所述，由于新数学派在美国公立数学教育上的不良影响，导致美国中小学数学教育的灾难，这应该引起国内教育工作者的注意。相关资料已经表明，一些采取传统数学教育方式并取得很好成绩的地区，假如学习美国已经证明失败的新数学派教育理论，就会让数学教育出现危机。比如，过去的六年，台湾大多数小学为了减轻学生的学习负担，实施建构式和发现式的数学教学法，结果造成小学生数学能力落后。用类似于美国新数学派的课程和教学法教育出来的学生，计算和解题能力都大幅度下降，数学概念也模糊不清，完全无法应付中学的数学课程。国内的数学教育同人应该吸取教训！

美国公立高中的生物课程设置

美国的公立高中实行学分制，生物课程是必修课，具有比物理、化学更高的地位。生物课程的设置大概是这样的。

“高中生物学”通常是给高中一年级的学生选修的，跟国内的普通高中生物课学的内容差不多，但不少章节的内容还要更深一点儿。比如，在细胞通过细胞膜与外界进行交流方面，美国的课本分被动交流（扩散、主动扩散和渗透作用）和主动交流（质子泵、钾钠离子泵的机制和作用，化学阀和生物电阀的机制，吞噬作用的机理），国内的课本就没讲这么详细。另外，该课程还要求学生学习病毒、古细菌、真细菌、原生生物、真菌、植物和动物。但是，因为全州的统考并不怎么考这部分内容，我们通常都不教。而且这部分内容学生在初中已经学过了，高中只是程度加深一点儿。

学生学完“高中生物学”后，第二年可以选修“生物化学”“海洋生物学”“生理学”(主要是人类生理学)。

第三年可以选修“生物技术”和“大学生物学”。

“生物技术”主要是学习分子生物学实验室常用的技术，比如DNA 分析、图谱、气相分析、酶工程、细胞质工程、基因改造等。

“大学生物学”是大学一年级的公共课。学生学完以后可以参加AP 考试，考试及格就能取得大学的学分。

第四年可以选修前面没有选修过的生物课程。

美国的公立初中有一门叫“健康教育”的课程，相当于国内的

“生理卫生”课。到了高中，同样的内容，程度加深一点儿以后，分成两门课程，属于“生理”的部分，在“生理学”里面教；属于“卫生”的部分，在“健康”里面教，内容更加详细。比如，“性教育”就分性生理、性反应、性行为、性疾病和性道德五个课时来教。

美国各所公立高中每天的课时都是不同的，有的学校一节课九十分钟，有的学校一节课五十分钟。但是，全年总课时则要按照所在州的教育部规定进行统一。我们学校选修生物课的学生每天都要上一节课，每节课 55 分钟，全年上 180 天课，一共是 165 小时。

美国的生物课老师没有国内一些学校的生物课老师那么“幸福”。美国的大部分公立高中没有专门的生物实验室和实验室老师，所有事情都必须生物课老师自己做，而且，生物课的教室同时也是实验室，上课和做实验是在一起的。准备实验材料、配化学溶液、冷冻、加热……全部都是生物课老师一人负责。其次，生物课老师跟其他科目老师一样，每天要上五节课。假如五节都是生物课还比较好办，准备好了实验材料，五节课都做同样的事情就可以了。但是，因为高中开设了很多跟生物有关的课程，大部分生物老师不可能只教生物课，可能教三节生物课，两节生理课；或者是两节生物，两节生理，一节海洋生物。这就惨了：这节课刚解剖完鱿鱼，连桌子都还没有清理干净，下节课的学生已经进来，教师要准备测定猪心对电刺激的反应了；再下节课学生要看 DNA（脱氧核糖核酸）走电泳[①]的结果，教师必须一边指导学生摆弄猪心，一边准备电泳的设备；这节课一结束，就得用极快的速度将这节课的东西收好，把下节课要用的东西摆上来，而且在六分钟之内必须完成（学生课间休息时间是六分钟）！生物老师经常也是魔术师啊！

---

① 带电颗粒在电场作用下，向着与其电性相反的电极移动，称为电泳。

美国的公立高中生物课是不是全是这样？当然不是！美国至少有60% 的公立高中是无法教书的，学生调皮捣蛋的程度令人难以想象，哪一个老师敢上实验课？班级里有三十多个对学校怀有“深仇大恨”的学生，上一天实验课，平均有五个学生被人用解剖刀割了腕（学生要实验一下动脉血和静脉血的颜色是否一样），五个学生被人按住往脸上淋革兰氏染色液（学生要看看染色液是否会变色），五个学生在实验哪种试剂能烧着实验桌（因为实验桌上有防火质量保证标志）；另外，有十来个显微镜的镜头被永久黑墨笔涂黑，有十来个高倍目镜被砸得粉碎（学生要体验一下如此贵重的东西砸起来感觉如何）……美国普通公立高中根本比伊拉克还混乱！

第四辑

中国基础教育问题的症结之一在于人口众多

很多人认为中国基础教育存在的诸多问题是由应试教育造成的，还有人认为是由中国的用人和评价制度造成的。

我认为，造成中国基础教育诸多问题的症结之一在于人口众多。我的论据是从美国得出的。

前些年，在没有那么多中国人拼了命要进位于华人聚居地的四所加州大学的分校时，加州大学系统跟全美国其他公立大学系统一样，有令人羡慕的、不唯成绩的评价体系。可是，最近十年，这个体系突然产生了巨大的变化。发生变化的一个重要原因是，在短短的几年间，申请进加州大学的学生突然增加了几十倍。这让美国人百思不得其解：加州的人口虽然有所增加，但是并没有增加几十倍啊，为什么会这样?

统计数字表明，增加的申请人基本上是华人，当我看到这个统计数据时我就明白了。这些学生不申请外州的学校，全挤到自己家附近的大学，他们本来是可以申请外州学校的。

我不知道国内其他省份有没有这个现象。我记得我参加高考的时候，广东省高考成绩最好的学生基本很少有人想读清华北大，人人都想挤进中山大学。旧金山湾区的华人占总人口的40%，这些华裔高中毕业生既不申请哈佛大学，也不申请耶鲁大学，无论成绩多好，都往旧金山附近的加州大学伯克利分校挤。麻省理工学院提供全额奖学金，放假的时候还提供来回飞机票，竟然一个华人学生都招不到。当年，我曾经问过我的同学：“为什么你们成绩那么好，不选北大、清华这些名校？”他们的回答是：“我吃不惯北方人的面。一天没有广东菜吃，我就会死。”如今，我问我的学生：“你们的成绩那么好，又是在美国出生的，为什么不选哈佛大学、耶鲁大学？”他们回答说：“我们的父母不是在美国出生的，从小到大我们吃的都是中餐；而且，在旧金山湾区，到处都有中国人，到处都可以吃到正宗的中餐。要我出加州？想都别想！”

本来，加州大学在考虑学生的申请时，成绩只占三分之一的比重，考虑更多的是学生是否具有领导才能，是否具备各种素质。但是，在学位的数目没有增加、申请学生人数却增加了几十倍的情况下，即使成绩仍只占入学申请条件的三分之一比重，都因为水涨船高而变得非常非常高。现在，进入加州大学中的名校（如伯克利分校或者洛杉矶分校）、名专业（如电脑、生物工程之类）的高中毕业生，不仅平时成绩满分、SAT 考试满分，而且，几乎人人都读完了大学一年级的课程，甚至连大学二年级的课程都读了一点儿。为了能进加州大学伯克利分校的电脑专业或者商业专业，我有学生每天只睡两三个小时，一个学期修四门大学课程，读书都读疯了。

我所在的林肯高中是旧金山一所普通公立高中，学生既不是凭考试成绩入学的，也不是凭居住的地区入学的。但是，每年有四千多名学生申请进我们高中，而我们只有五百个学位。申请的学生中，80%是华人。他们都看中了林肯高中每年 98% 的升学率、全市第二的全州统考分数（全市第一的高中是凭成绩选拔学生的重点高中）和具有高学历的教师团队。我们现在招生时要考学生的中文了，中文成绩好的才能进我们学校读双语班。林肯高中附近已经出现了好几个私立补习学校，光是从 2003 到 2004 年这一年里，在林肯高中附近的社区，私立补习学校就从一家增加到五家，而且入学人数还在不断增加。

人一旦多起来，什么事情都可能发生。很多人想破了脑袋都不会想到，在“素质教育”的故乡美国，因为有太多人竞争上几所大学，美国部分高中生比中国准备高考的学生负担更重、更辛苦，甚至有公立高中要用考学生中文的办法来淘汰过多的申请人。

暑假时我在中国国内旅行。在一个教师待遇非常好的城市，当地的教育局领导告诉我，当地教育局只考虑招聘全国几所重点师范大学的毕业生，不是从这几所重点学校毕业的，根本就不予考虑。他们这样做就是因为申请来这座城市的公立学校当教师的人太多了。

假如中国所有大学毕业生都不愁找不到工作，就不会有那么多人拼命要挤进重点大学，也不会有那么多人拼命要挤进重点高中、初中、小学了。一句话：造成中国基础教育诸多问题的症结之一在于人口众多。竞争的人一多，连美国这个出了名的学生负担轻、以“素质教育”为特色的国家，都会在个别地区出现跟中国教育一样的问题。

中国教师到英国后为什么会水土不服

英国广播公司电视台拍摄了一个电视纪录片，记录了五位中国老师到英国一家公立中学柏航特（Bohunt）中学教书的经历。五位中国老师使用“中式教学法”教了四个星期，结果严重水土不服。这几位中国老师几乎被英国学生“逼疯”：这些学生上课时注意力不集中，不听老师讲课，调皮捣蛋……

很多中国网友写了不少分析，试图解答为什么中国教师到英国后没法教那些英国学生。有的网友说是因为中国教育是应试教育，并非素质教育，中国老师当然没法教一直接受素质教育的英国学生；有的网友说是因为英国教育不如中国，英国学生无法适应中式教学法。

我觉得网友们的分析并没有指出这些中国优秀教师到英国教书水土不服的最根本原因：柏航特中学并不是一所重点学校！

在看到这个新闻后，我第一时间上网查找柏航特中学的网站，看他们是怎样录取学生的。虽然英国的教育制度跟美国有很大的差别，但是公立学校的录取方式却大同小异。我查到，柏航特中学是根据学生居住的地区录取学生的，也就是说，只要住在该学区就能入学，根本不必经过任何考试。

大部分中国人可能并不知道，英美这种按照学区入学的公立学校，水平绝对是良莠不齐。假如学区的居民收入高，受教育程度高，孩子自然认真学习，于是，这个学区的公立学校便比其他地方的好。举个美国的例子：斯坦福大学所在的帕罗奥图市的两所高中都是明星高中，这两所高中的学生州统考成绩在全州所有学校中遥遥领先，进入名牌大学的学生比例也非常高。这个城市的房价最低都是一百多万美元，居民基本上是事业成功人士，孩子的成绩自然很好。但是，距此几十分钟车程的另外一个城市屋仑，公立高中的排名基本在全加州垫底。屋仑每年的凶杀案数量在全美国排行第二，大部分居民是领福利救济的穷人和少数民族。

然而，即使是处在好学区的所谓好学校，也不能保证所有学生都是勤奋学习的尖子生。因为在一个社区里，无论家长多么成功，都会有不思进取、没有学习动力的学生，当然也会有天生基础差、怎么都学不会的学生。因此，所有在美国普通公立中小学教书的老师都知道，他们的学生成为社会精英和社会栋梁的概率非常小，能把这些学生教成合格的公民，已经是非常大的成功。

我相信这些被选中到英国教书的中国老师们在国内的时候，面对的学生都是被父母寄托了巨大希望的尖子生，这些学生也知道父母对他们的期望，因此，学生们的学习动力根本是英美普通公立中小学的学生无法相比的。

英美有没有类似中国尖子生那样的学生？当然有！他们存在于对学术和品德有严格要求的私立学校中，他们存在于少数公立重点学校中。学生需要通过严格的学术考试和各种筛选才能进入美国的公立重点学校。这些学生知道父母对他们寄予厚望，他们也知道自己将来会成为社会精英，因此，他们对学习的钻研精神和对知识的热爱，是很多中国学生都无法相比的。中国的这几位老师应该到这样的学校去教书，在那里他们会发现，自己不仅如鱼得水，能畅快地传授知识，而且这些学生的思考能力和想象力极强，甚至可以挑战老师，“逼迫”老师一起钻研。这种师生共同学习、共同向上的情形，只有在英美的公立重点学校里才会发生。这几位中国老师面对的很可能是长期“放羊”的学生，他们每天来上学只是因为不上学是犯法的，于是就来学校找点儿乐子。这几位中国老师还试图像教中国学生那样来教他们，无疑是缘木求鱼。

我看中学生谈恋爱

早恋是一个没有可操作性的词。什么时候才是“早？”怎样才算“恋”？

在国内，20世纪六七十年代出生的人，他们上小学和中学时，男女生是不怎么讲话的，谁跟异性多说一句话都不得了，这两个人就成了罪人了。在那个禁欲的年代，只允许结婚，不允许谈恋爱。晚上大学里的男女生一起散步，或者坐在海边欣赏日落，可能会被校警抓起来，扣上“生活作风有问题”的罪名。城市的公园里，晚上治安联防队员（相当于现在的保安）会打着手电，去抓躲在黑暗中拥抱的情侣，然后送到公安局处理……

现在的中学生听到这样的事情大概会觉得像天方夜谭吧？

可是，现在的校长、班主任和教导主任，很多都是那一代人。他们虽然不至于认为男女谈恋爱是“精神污染”“自甘堕落”，但是他们是从那个时候过来的人，可能看见现在的学生亲密的样子，从心里就觉得反感。这是现在的中学生需要理解的。

爱情当然是个好东西，但是，从国内的情况来讲，中学生谈“爱情”好像是早了点儿，所以才会被称为“早恋”。为什么这么说呢？

第一，恋爱关系不是普通朋友关系，双方在感情、时间、金钱方面都要投资。可是，国内的中学生面临的最大压力是高考，这个考试要求所有参加者把一切精力和时间都投入进去，国内的中学生显然无法把精力都放在感情方面：他（她）究竟喜不喜欢我？我究竟做错了什么？那个人有什么好，可以让他（她）注意她（他）而不注意我？我们下一次浪漫的约会该在什么地方……这些东西只要一出现，是很难从脑海中赶走的。国内的中学生有能力投入感情和时间吗？至于金钱方面，我就不多说了，我还没有读到过一本完全没有提到钱的爱情小说，除非两个人是罗密欧和朱丽叶或是贾宝玉和林黛玉。

第二，生理上的感觉跟心理上的感觉一样，是比较难控制的。在恋爱的时候，会出现很多影响思考、记忆的生理反应，而这些生理反应是激素的作用，你很难控制。可是，高考却要求你在任何时候都必须有最佳的思考和记忆状态，容不得半点儿干扰，你说，早恋是不是有害呢？

第三，不可否认，一些成年人是有点儿神经过敏。可是，他们是谈过恋爱的，什么是谈恋爱，什么是普通朋友关系，他们一眼就能看出来，有时候甚至你们自己都没有发觉。当他们提醒你们的时候，是不是应该反省一下，而不是一味对抗呢？

美国是鼓励中学生与异性交往的，更鼓励谈恋爱。每年学校都会评选全校最登对的男女朋友，这两个学生会被当成英雄，出尽风头。可是，我教的学生中却几乎没有谈恋爱的，因为他们都想上最好的大学。在美国，进大学非常容易，但是，进好大学非常难。

美国军训教官可以跟学生谈恋爱吗

最近，网上曝出国内某大学的军训教官向女生告白以及跟女生亲密恋爱的照片。新浪微博据此进行了一个网络调查：军训教官可以跟学生谈恋爱吗？我看了调查结果后震惊地发现，竟然有很多人认为“教官也是年轻人，恋爱自由，无可厚非”。有网友问我，在美国，老师或者是军训教官，是否可以跟学生谈恋爱。

我可以很明确地告诉大家：在美国，教官若与学生谈恋爱，很可能会导致教官的教学资格被永久取消，而且在美国任何一个州都不能被录用担任类似的职务。假如教官的学生是未满 18 岁的未成年人，教官还可能被控以“性剥削”(sexual exploitation) 的罪名。不仅要坐牢，而且即使刑满释放了，也会作为“曾经的性罪犯”在当局登记，有的还要戴上跟踪行踪的仪器，向居住在附近的小区的居民公布资料。假如居住地的居民反对这个人在这个小区居住，这个人就无法在这里租房子或者买房子。

为什么在美国军训教官不能跟学生谈恋爱？

要理解这个问题的答案，我们必须先了解未成年人在美国会受到怎样的保护以及为什么会有这样的保护。

在美国，孩子不是父母的私人财产，而是国家未来的纳税人。因此，父母虐待或打骂孩子并不是家事，而是伤害国家未来的纳税人，那是非常严重的罪行。在美国，每一个儿童都关系到美国的长治久安，因此，法律给予每一个未成年人非常充分的保护。相关法律认为，每一个没到 18 岁的人，都不能完全理解自己的行为，也无法完全掌控自己的一切，尤其是跟“性”有关的一切，因此，法律必须大力保护未成年人。若一对未成年男女有性行为，只要双方自愿，后果并不严重；可是假如是一个成年人跟一个未成年人发生性行为，成年人就肯定犯法了。因为成年人能理解和掌控自己的行为，有可能用“性”来控制这个未成年人，这是美国法律绝对不容许的。

这样我们就不难理解，为什么美国中小学教师不能跟学生谈恋爱。因为教师不仅是成年人，能掌控自己的行为，而且还处于绝对权威的位置，掌控了学生的成绩和心理状态。学生则处于弱者地位，被欺负了也不敢反抗。为了彻底杜绝这种依仗自己的权威地位对弱者进行“性剥削”的现象，教师若跟学生谈恋爱，无论双方是否自愿，都一律会被视为教师对学生的性虐待，是一项非常严重的罪行。

那军训教官为什么不能跟学生谈恋爱？我们知道，假如学生没有成年，教官当然不能跟学生谈恋爱；假如学生成年了，教官仍然处于权威地位，法律会认定：因为你处于权威地位，即使对方不愿意，也会因为你的权威地位而被迫屈从，造成“双方自愿”的假象。

美国的儿童每天都受到非常全面细致的关怀，不是体现在口头上，而是有严格的法律保障。一位美国教师只要怀疑有学生受到虐待就可以报警，无须承担报错案的后果；但是假如有学生真的受虐待了，而这位教师却没有报警，他就可能永远失去教师执照。

美国公立中小学的体育教学是什么样的

美国很多公立小学没有体育课，这主要是因为美国的小学老师是一个人教一个班所有的科目，任课老师不一定有兴趣和时间安排系统的体育教学。

美国的公立中学就不同了，无论是初中还是高中，都十分重视体育。在高中，其他科目都只有一个部门主管，比如负责管理所有数学老师的叫数学系主任，负责管理所有英语老师的叫英语系主任等。可是，体育却有两个主管，一个是负责管理全部体育老师的，是体育系主任；另外一个是主管所有学生体育工作的，叫体育运动主任。可见，美国公立中学的体育是分两个层次的，包括基础的体育课和课外体育活动。从教学上来说，体育系提供基础的体育课供学生修读。在旧金山，高中生必须修满两年体育课（每天一节），高中三年级和四年级的学生还可以选修如游泳、田径、球类、击剑等专门的运动项目。而课外的体育活动，全部由体育运动主任领导下的教练组负责。我所在的高中有几十个运动队，几乎每一个奥运比赛项目都有一个运动队。每个运动队都有专门的教练，放学以后就训练。美国的学校没有课间操，也没有什么体育节或者运动会，只有半专业性的运动队联赛和训练。在美国的公立高中，运动场的占地比教室的占地要大，再小的高中都肯定有美式足球场、英式足球场、网球场、棒球场、篮球场和起码两个室内运动场。在美国，学生只要有兴趣，可以随时加入自己喜欢的运动队，不需要参加选拔。美式足球本是以男性为主的运动，但高一和高二所有的美式足球队都规定不可以歧视女生，比赛的时候队里要至少包括一个女生运动员！学生想加入学校的运动队也不需要参加选拔，想进什么队都可以，进去以后一样可以获得正规的专业训练。当然，运动尖子在比赛的时候上场的机会当然更多，但给予所有学生参加训练的机会，却有可能发现或者培养看起来并不那么出色，在训练以后很有潜质的运动员。

我们高中的运动队中，以排球、羽毛球、高尔夫球和女子花剑最好，男女英式足球也不错。每年各个项目都有联赛，各个运动队几乎天天放学后都有积分赛或者是淘汰赛。在全市的联赛中取得第一名的运动队，就可以参加州里不同赛区的联赛，赢了以后就可以参加全州的总联赛和全国分区联赛。可以说，美国的学生，只要参加了运动队，几乎天天都有运动会！

在美国的公立高中，没有多少人重视学习成绩。但是，假如一个男孩子同时是美式足球明星、篮球队员、棒球队长，那他肯定是全校女生追求的对象，即使他的学习成绩才刚刚达到“中”。同时，他也可能会是附近所有大学追求的对象，各大学会纷纷向他提出奖学金和各种优惠，希望能在他高中毕业后把他拉到自己大学的旗下。

教育局通过各校的体育运动主任安排和管理体育运动队。有一些特殊的运动，普通公立高中无法提供场地（如冰球、高尔夫球），教育局的体育部还必须负责租用场地、安排联赛时间等。公立学校的一切费用都是公家（即州和联邦政府）出，有时候市政府也会拨出专款赞助。运动队的领队和教练，大部分不是在学校教书的老师，也没有教师执照。他们是由教育局招聘的专业运动教练。当然，学校的体育老师也可以兼任某一个或几个运动队的教练，兼职的薪水是额外发放的。

全民化的体育运动和每个人都有平等接受专业训练的机会，是美国成为体育大国的一个重要原因。

美国公立教育经费的投入和使用

美国不同的州对公立中小学教育经费的投入是不同的。以加州为例，州政府每年平均为每一个就读公立中小学的学生提供大概八千多美元的拨款。当然，这个拨款不是直接给学生的，而是交到各地的校区，由校区统一管理。这个数字看上去好像很多，可是加州每个学生的教育经费拨款却在全美所有的州里排倒数第二名，这跟“全美最富的州”这个名称实在是不相符。

美国公立学校的教育经费投入主要依靠政府的税收和地方的支持（比如房地产税、彩票的销售收入、赌场的收入等）。另外，联邦政府也通过各种法案，为某些教育项目提供资助，比如，为双语教育投入资金，为减少种族隔离投入资金等。加州公立学校的教育经费投入有两种方式：一种是州政府根据当地校区学生的出席人数来投钱，假如学生上课的出勤率低，对公立学校的打击就非常大；另外一种是州政府只给校区一个最低的经费数目，剩下的钱由当地的房地产税收补足。这种方式通常存在于房价高的地区，因为豪宅业主交的房地产税也比较高。在美国，房地产税对教育的贡献非常大。举例来说，加州古帕天奴地区在20世纪80年代初，地价是一千美元一英顷。后来，那里成了硅谷的一部分，2000年的时候，商业地区的地价是一百万美元一平方米，住宅区的房子也从六七万美元一间变成了两三百万美元一间。政府原来每年从一间房子只能得到几百美元的税收，现在，房子在经过买卖以后，政府每年从一间房子可以得到几万美元的税收。

因此，当地的公立学校十分有钱，教室的设备高级得令人惊叹。再加上硅谷地区的公司喜欢做慈善，捐献的时候喜欢捐给当地的学校，所以，当地公立学校的电脑都是最高级的。

美国的公立教育既然叫“公立”，就有全民支持的味道在里面：政府税收支持、政府财政拨款支持及企业资助等。不过，有一样却是非常清楚的：公立学校绝对不可以向学生、家长要一分钱。学校提供给学生用的电脑、音响设备、图书、课本、文具、场地等全部是免费的，自然也不能收取学费。对来自低收入家庭的学生来说，早餐和午餐也是免费的。学校绝对不可以变相收费，不可以收取择校费、补习费、学校建设费等。假如学校要带学生去旅行，从门票到用餐再到住酒店，也全部是免费的，绝对不能让学生掏一分钱。

美国的公立学校虽然预算很多，但学校没有拿到一分钱，全部经费由教育局的有关部门（预算办公室、会计办公室和出纳办公室等）控制。校长手里面更是一分钱都没有。因此，学校也就没有财务科、会计科之类的部门。教育局的有关部门每年会通知学校有多少钱的预算，由学校的校长、教师、家长和学生组成的一个叫作“学校校务委员会”的委员会要先决定学校的年度办学方向，然后根据办学方向制定一个计划，最后按照这个计划制定一个预算，大致决定教育局分配给该校用的钱该如何分配。学校做好预算后，把预算结果交给教育局的预算办公室，获得批准后，在这所学校账户里的钱就可以使用了。预算里已经规定好买教学设备花多少钱、买图书花多少钱等，任何人都不能跨项目用钱，比如，不可以用买图书的钱来买电脑。每用一笔钱都必须得到校长的批准，校长会给申请人一个号码，申请人有那个号码才可以买东西。校长自己要用钱，也必须由校务委员会负责人批准和给号码，有了号码，教育局的会计办公室才会批钱出来。

校务委员会的成员是由家长、教师和学生一人一票选出来的，校长不可能把他们全部都收买了；最重要的是，在公立学校，所有账目都是公开的。账本就在办公室，学校用的每一笔钱，都详细记载在账本上，任何人都可以拿来看或者复印，然后去跟教育局会计部门的账本对照。在这样的制度下，学校根本没有自己的财政权，所以，学校几乎不会出现腐败现象。经济腐败现象通常出现在教育局，因为假如预算办公室或者会计部门的官员贪污，就比较难发现，只能靠校董会经常查账或者公众经常调看账本来杜绝。

美国的公立教育因为经费投入存在不同的模式，也产生了不少问题。比如，富裕地区的公立学校通常教学质量比较好，因为他们能得到更多的来自房地产税的拨款，可以为教师提供更高的工资，请到更好的教师，也可以给学校配备更好的设备；贫穷地区的公立学校因为资金短缺，无法请到好老师，也无法保障图书、设备、教学用品等，教学质量通常就比较差。而教学质量差的学校，统考的排名自然就靠后，于是更加没有人想上那些学校。所以，公立教育应该如何公平地投入教育经费，是美国教育界和政界讨论得比较多的一个话题。

美国公立中小学如何处理科学和宗教的关系

知道我在美国的公立学校教书，很多国内的朋友喜欢问我一个问题："美国的公立学校如何处理科学和宗教的关系？"

美国是个宗教完全自由的国家。无论你信仰什么宗教，只要不触犯法律，就没有人干涉你。美国的很多科学家都是虔诚的信徒，最重要的原因是，美国的教育把科学和宗教分得很开，绝对不会彼此干涉。美国很多科学家认为，只有能被实验验证、能重复出现的现象，才是科学研究的对象，才属于科学的范畴。

在美国，信仰宗教并不妨碍对科学的探索。美国人认为，科学和宗教根本不属于同一个系统。宗教不属于科学范畴，科学也不属于宗教的地盘。

在美国，教师教什么、怎么教，都有非常大的自由度。这是美国教师奋斗了几十年争取来的学术自由。在一个学校里，教同一个科目的老师，用的课本、教学的方法和内容可以完全不同。比如，我教高中生物，我用的课本是人民教育出版社出版的双语生物课本。我的同事在我隔壁的教室上课，她用的是美国出版的高中生物教材。因为我用中国的课本，我的学生每年生物全州统考的成绩都比她的学生好。国内的课本讲问题讲得很细致，不考的东西课本里根本就不会出现。美国的课本体积比国内课本大三倍以上，但很多是考试不考的内容。那是不是学美国课本的学生素质就高？当然不是！我的学生考试能力、动手能力和做研究的能力，样样都比她的学生强。因为她的学生很多是黑人和拉丁裔，根本就不愿意读书。我的学生大多是亚洲人，读书跟玩命似的，你教一样东西，他们自己去补习班补足十样出来，素质想不好都难。

虽然美国教师的信仰是自由的，可是，在美国公立学校的课堂上，是不允许教师向学生灌输、宣传某一个宗教教派的教义的。旧金山湾区一座小城市的一个小学教师本人是虔诚的基督教信徒，他在给学生上历史课讲到基督教形成历史的时候，只加了一点儿个人的意见，说“我们信了耶稣基督，将来就会得救啦”。结果，马上就被家长告到学校，说他上课传教。校长吓坏了，马上让这位老师休假，让校区的调查人员调查他。这位老师一气之下告上了法庭，说学校和校区剥夺了他的言论自由。然而，法庭说，在公立学校的课堂上，教师是没有这种“言论自由”的，因为一切宗教和道德观点都不可以进课堂。

在美国最高法院的历年判决中，对于“教育与宗教分离”的原则从来没有过一点点让步。例如，在举行体育比赛前，本队的运动员祈祷本是一种祈求胜利、增强自信心的仪式，但一直被公立学校禁止。虽然有关人士一再向各级法庭上诉，但因为祈祷是宗教形式的一种，他们从来就没有在法庭上赢过。

之前，美国的公立学校每当举办集会或者大型活动都要升国旗。在升旗以后，全体学生都要背诵“国旗效忠誓词”。在这个誓词里有一句“在上帝之下”。

有一位家长声称，他的女儿跟他一样是无神论者，因此无法接受这句话。他认为，教育必须与宗教分离，公立学校的学生天天念的这个誓词，怎么可以有涉及宗教的内容？

于是，这位家长告上法庭，狠狠地将了美国法律系统和教育系统一军。法院假如判这个家长胜诉，意味着美国一个重要的教育传统从此玩儿完，那可是非常严重、数典忘祖的事情；法院假如判这个家长败诉，就意味着“公立教育与宗教分离”的原则受到了严重挑战，有破产的危险。

法院无法作这个判决，只好采用技术手段，说这个家长已经跟妻子离婚了，而女儿判给了妻子，他对女儿没有监护权，不可以代表他女儿提出诉讼。这位家长当然不服，为了创造一项历史，他准备把前妻也拉进这项诉讼里来。

美国人一直认为，美国公立学校的科学与宗教分离的原则，并没有影响他们对学生进行以“爱国家，守法律”为基础的道德教育，也没有对信仰宗教的学生造成任何影响。现在看来，并不像他们想的那么简单。

不把教师当作专业人员的后果

从2016年起，中国不少城市推出“教师资格证五年一注册”制度，教师资格证不再是终身的，所谓教师的“铁饭碗”被打破。在我看来，假如这个注册制度没有与之匹配的制度和法律保障，很可能会对中国的基础教育带来不良影响。

无论是在中国还是在美国，社会对教师都是不够尊重的，很多人心里面不承认教师是跟医生、工程师、律师、会计师一样的专业人员。大部分人都认同，不可能人人都懂得如何打针开刀，也不是人人都懂如何设计机器、建造桥梁。可是，很多人觉得只要自己站上讲台，给中小学生讲课是件很容易的事。这种“谁都能教书”的想法就是导致大部分人不承认教师是专业人员的最根本原因。

假如不承认教师是专业人员，就会出现一些对教师的荒诞要求，比如“没有教不好的学生，只有不会教的老师”就是极为荒诞的说法。学生能不能教好，并不是教师一个人能决定的。为什么没有“没有治不好的病人，只有不会治病的医生”这样的说法？那是因为大家都知道病人的病能不能治好，并不完全由医生决定。

无论是在中国还是在美国，教师都不属于高收入人群。因为教师的待遇不高，这个社会上最优秀的人才当然就不会把教师作为理想职业，即使刚开始工作的时候当了教师，也会很快离开。在美国，根据统计，教师参加工作后的第四年和第八年，离职比例最高。

但是，人类文明的传承是通过教师来实现的。很多人工作以后经常会说，读中小学的时候什么都没学到，现在一样很成功。其实他们忘记了上中小学时，教师每天对他们潜移默化的影响。在教师的引导下掌握知识的过程，不是人人都能靠自学、或者靠父母教就能实现的。教师的作用是任何人都替代不了的。

一方面，所有人都认为教育非常重要，希望自己的孩子能够成才；另一方面，却不承认教师是专业人士。人们在这种矛盾的思想下达成了一个妥协：美国公立学校的教师基本上是铁饭碗，退休后有退休金，能拿到接近于退休前的工资待遇。美国的其他行业是没有退休金的，因此，退休前需要为退休后存钱，否则到退休后会变成穷人。

美国民间对于公立学校教师水平低下早有诟病，加州一直有提升公立学校教师水平的各种运动和法案。民间的意见当然会影响到官方的决策。为了响应美国政府《不让一个孩子掉队法》对教师资格的要求，加州也提高了对教师专业资格的要求。比如，从前要当小学教师，只需要大学毕业，通过加州基本教育测试就可以；假如大学读的是文理学院（liberal arts studies），则无需参加任何考试，读一年半的教师证书课程，就能获得初级教师执照。但是现在，无论大学读的是什么专业，一律要通过全州的多科教师能力资格考试和教授阅读资格考试，同时还要读额外的如何教英语为第二语言学生的课程，才有资格当小学教师。这些额外增加的考试，因为要求非常高，通过率很低。

其实，稍微有点儿头脑的人都很清楚：提高教师的专业要求，但是不提高教师的待遇，是根本不可能吸引高端人才来当教师的。美国的医生专业要求也很高，但是因为待遇非常好，所以还是有很多高端人才入行。然而，在旧金山，教师的待遇只比扛肉的工人高一点儿，比在工地搬砖的工人工资还低。这样的收入，怎么能吸引高端人才去当教师？

加州盲目提高教师专业要求导致的结果是，越来越多的公办学校请不到合格的教师，教师荒越来越严重。因为请不到合格的教师，越来越多的学校只好聘请临时教师来填补教职的空缺。加州的法律规定，一个不具备教师资格的人可以通过在教育局申请做“临时教师”的方式教一年书，在这一年内，假如能达到领取教师资格证的要求，就能转正。“临时教师”要想转正，必须在一年内，每天上五个课时，完成一年半的教师执照课程，通过三四个教师资格考试，这基本上就是不可能完成的任务。这种现象导致美国加州公立学校的很多学生每个学期换几个老师，一些学校每年的教师中有一半是新来的。连“越老经验越丰富”这一点都无法做到的时候，教育就已经遭受到毁灭性的打击了。